＼カンタンだけど法的効力もばっちり！／

90分で遺言書

行政書士・社会福祉士
塩原匡浩

9マスのまんだらで
人生を
すっきり整理する

ダイヤモンド社

はじめに

「遺言を書くことは生きること」

私はそう思います。人の命は有限で、誰もがいつかは死を迎えます。「だからこそ精一杯いまを生きる」わけで、それは素晴らしいことです。しかし、さらに一歩踏み込んで、自分の人生と向き合う機会を持つことはほとんどないのではないでしょうか。そうした体験ができるのが、実は遺言なのです。

遺言は作成してはじめて意味があるものと思われていますが、本当に素晴らしい効用はその作成過程にあります。自分の人生を棚卸しする中で、「死んでしまった自分から、いまの自分がどう見えるだろうか?」と否応なく考えることになり、これまでの人生を深く理解できるようになります。それはとりもなおさず、「これからの人生をいかに生きるか?」を深く見つめ直すきっかけともなるのです。

この本で紹介する遺言の新しいかたち「9マスユイゴン」を私が考案し、普及に努めてきたのも、そうした理由があるからです。

遺言とは、自分の死後のために財産の分配や権利関係を言い遺す法的行為です。それとともに、遺された家族などに、自分の想いをのせた言葉を伝えるためのものでもあります。さらには、前述のように、自分の人生を深く見つめ直すきっかけともなります。

しかし、従来の遺言は「とっつきにくく、書くのに時間がかかるもの」という印象を持たれがちで、誰もが気軽に書けるものにはなっていません。

こうした課題を解決したのが「9マスユイゴン」です。これまでセミナーやワークショップを通じて、全国各地の数多くの方々が「9マスユイゴン」を活用してきました。みなさん、書き出しはゆっくりですが、書き始めると止まらなくなります。中には自分の人生と向き合い、涙を流す方々もおられます。そして一様に「ああ、スッキリした」「自分の人生の全体像がわかった」「生きる勇気が湧いてきた」などと、ありがたい感想を語ってくださいます。

「9マスユイゴン」は、一見すると変わったかたちをしていますが、これは脳内整理をしながら短時間で書けるように配慮しているためです。通常なら約90分で書き上げることができて、もちろん法的効力もあります。

遺言の新しいかたちに触れて「これは使える!」と手応えを感じていただけたなら、あなたの人生における便利ツールとして末永くご活用いただければ幸いです。

では、実際に「9マスユイゴン」の実例とその感想を見てみましょう。

実　例

反響続々！気持ちの伝わる「9マスユイゴン」

気がつけば満ち足りた日々、さらに人生の新たな楽しみを探します

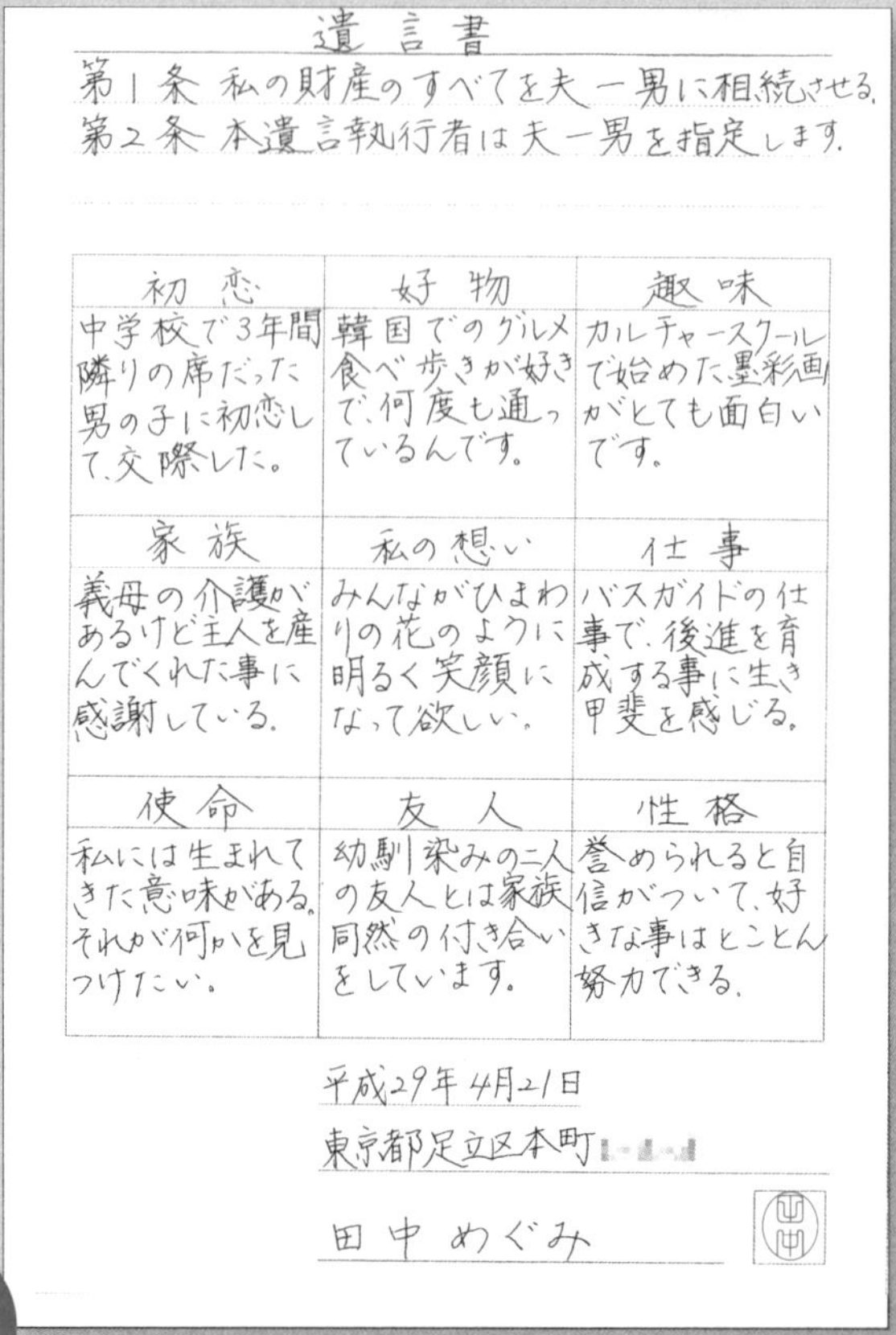

遺言書

第1条 私の財産のすべてを夫一男に相続させる。
第2条 本遺言執行者は夫一男を指定します。

初恋	好物	趣味
中学校で3年間隣りの席だった男の子に初恋して、交際した。	韓国でのグルメ食べ歩きが好きで、何度も通っているんです。	カルチャースクールで始めた墨彩画がとても面白いです。
家族	私の想い	仕事
義母の介護があるけど主人を産んでくれた事に感謝している。	みんながひまわりの花のように明るく笑顔になって欲しい。	バスガイドの仕事で、後進を育成する事に生き甲斐を感じる。
使命	友人	性格
私には生まれてきた意味がある。それが何かを見つけたい。	幼馴染みの二人の友人とは家族同然の付き合いをしています。	誉められると自信がついて、好きな事はとことん努力できる。

平成29年4月21日

東京都足立区本町

田中めぐみ

体験者の声

「9マスユイゴン」をセミナーで知り、肩肘張らずに書けると思って、やってみました。マスを埋めていくと、これまで自分自身と向き合うことなどなかったことに気がつき、夢中になっていきました。優しい両親に育てられ、多くの友人にも恵まれ、いまは素敵な夫と好きな仕事がある。何より生きることが楽しい。そんなことに気づかせてもらいました。私の人生はこれからが本当の青春です。

〔50代女性〕

仕事に人生を捧げてきた私が人生の折り返し点で気づいたもの

遺　言　書

第１条　私の財産のすべてを妻 藤巻夏子に相続させる。

第２条　本遺言執行者は兄春男を指定します。

趣　味	家　族	メッセージ
子供の頃からものを創るのが好きで、手先が器用なのが自慢。	仕事中心で妻や子供と話す時間が取れずに申し訳ないと思う。	もの創りで日本技術を盛り立てる活動をしてゆきたいと思う。
夢	**私の想い**	**特　技**
ジャパンアズナンバーワンの栄光を今一度蘇らせたいと思う。	ビジネスの戦場で日々闘っている私の想いをここに綴ります。	人の長所を見つけ人を引き込む事が得意で豊富な人脈がある。
使　命	**兄　弟**	**健　康**
日本の技術・感性に拘り、世界の人とモノを繋いでゆきたい。	兄から多くを学んだ。何時か一緒に仕事がしてみたいと思う。	体力は自信があり何をするにも前のめりでありたいと思う。

平成29年３月15日

東京都大田区雪谷[redacted]

藤巻　康次郎　（藤巻）

体験者の声

自分のことは自分が一番知らなかった。そう感じました。自分の力だけでここまできたと思っていた私が、実はこんなにも多くの方々に支えられていたなんて。でも、そんな現実を受け入れ、自分や人生に対して素直になることができました。とくに家族の深い愛情が私の原動力になっていたことに気づかされました。いまはもうひとつ上のステージに登れた気持で毎日をより充実して生きています。

〔50代男性〕

ひとりで生きてきて
将来に不安がある私

遺言書

第1条 私の財産のすべてを母かずみに相続させる。
第2条 本遺言執行者は母かずみを指定します。

結婚観	家族	幸せとは
好きになった人もいたけど、もっといい人を探し続けてる。	この間父が亡くなり実家の母と二人きりになってしまった。	私が信じてやってきたことはどこか間違っていたのかと思う。
仕事	**私の想い**	**性格**
秘書の仕事は好きだけどいつまでこの仕事が出来るか不安だ。	人は人、私は私と思ってきたけど最近心の芯が折れそうになる。	周囲からちやほやされてきた。それが当たり前と思っていた。
嫌いな自分	**これから**	**最近の私**
友人が子供と遊んでいる姿に胸が締め付けられる思いがする。	誰かに頼って生きるのはもうやめよう。私の人生なのだから。	最近はひとりで居酒屋に行けてしまう自分に驚くことがある。

平成29年5月27日
神奈川県横浜市本町[illegible]

本田まさみ 本田

体験者の声

まず何から書いたらいいのか、どういう風に書けばいいのか戸惑いました。でも、9マスに向かい合っているうちに自然とペンが走り、いままでの人生が走馬灯のように目の前にあらわれました。いいこともあったなぁ。嫌なことだけじゃなかった。そして自分の人生を振り返ることで、少し自信も取り戻せて、きっと素敵な人が現れるような気がします。いままで以上に充実した人生を過ごせそうです。

〔40代女性〕

仕事も趣味も楽しみながら、悔いなく人生を謳歌

遺言書

第1条 特に相続すべき財産はありません。あった場合は全て母春子に相続させます。

第2条 遺言者は本遺言の執行者として、父太郎を指定します。

家族	友人	仕事
私の家族は父一郎、母春子と妹夏美です。3人にはとても感謝しています。	数は多くないですが友人に恵まれ幸せでした。特に大阪次郎氏には感謝しています。	大学卒業後新聞社に勤めています。誇りを持って仕事をしています。
趣味	**私の人生**	**夢**
競馬と麻雀です。人間は勝ち続けることができないと私に教えてくれました。	平成29年4月15日現在不惑の年に遺言を書いてみようと思います。	1000万円馬券を当てることです。
健康	**資産**	**メッセージ**
痛風に悩まされていますが、ほかは至って健康です。丈夫な体に産んでいただき、感謝しています。	今はありませんが、これから貯蓄します。	このユイゴンを書いたことで、もっと一日一日を大切に生きたいと思います。

平成29年4月15日

東京都大田区蒲田

東京太郎 (東)

体験者の声

ゲーム感覚で取り組んでみました。やってみて驚いた。両親にありがとうという気持ちが湧いてきた。いつもは恥ずかしくて、とても面と向かってはいえないけれど、文字なら書ける。自分の正直な気持ちが書ける。そして長い文章にするより、9マスの枠を埋めるつもりで項目を書いていくと、ビックリするほど簡単。これで法的効力もあるなんて目からうろこだ。

〔40代男性〕

自分のために、
いまの想いを残しておく

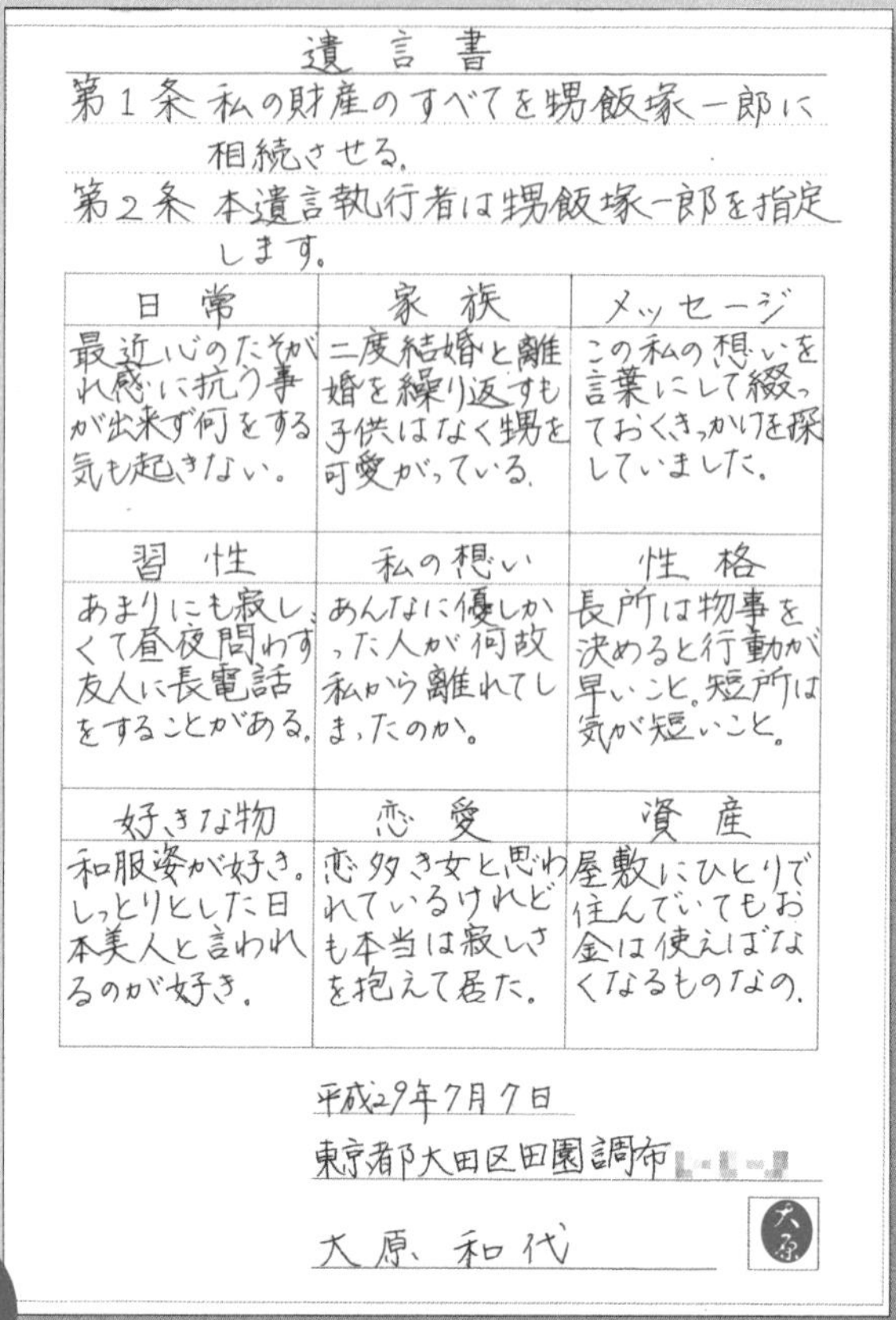

遺言書

第１条　私の財産のすべてを甥飯塚一郎に相続させる。

第２条　本遺言執行者は甥飯塚一郎を指定します。

日常	家族	メッセージ
最近ひのたそがれ感に抗う事が出来ず何をする気も起きない。	二度結婚と離婚を繰り返すも子供はなく甥を可愛がっている。	この私の想いを言葉にして綴っておくきっかけを探していました。
習性	私の想い	性格
あまりにも寂しくて昼夜問わず友人に長電話をすることがある。	あんなに優しかった人が何故私から離れてしまったのか。	長所は物事を決めると行動が早いこと。短所は気が短いこと。
好きな物	恋愛	資産
和服姿が好き。しっとりとした日本美人と言われるのが好き。	恋多き女と思われているけれども本当は寂しさを抱えて居た。	屋敷にひとりで住んでいてもお金は使えばなくなるものなの。

平成29年7月7日

東京都大田区田園調布[redacted]

大原　和代　（大原）

体験者の声

最近、気持ちがふさぎがちで体調がすぐれない。結婚と離婚を繰り返し、世の中でいうおひとりさまの生活をしている。普段の生活の中でも、どこか満たされない気持ちを抱えていて、無性に寂しくなることがある。このまま年老いていってよいのだろうかと。だけど、誰かのため、そして自分のために、この想いを残しておいたほうがいいのではないかと思い、遺言を書きました。

〔60代女性〕

親の介護に追われる毎日だが、終活の準備をしたい

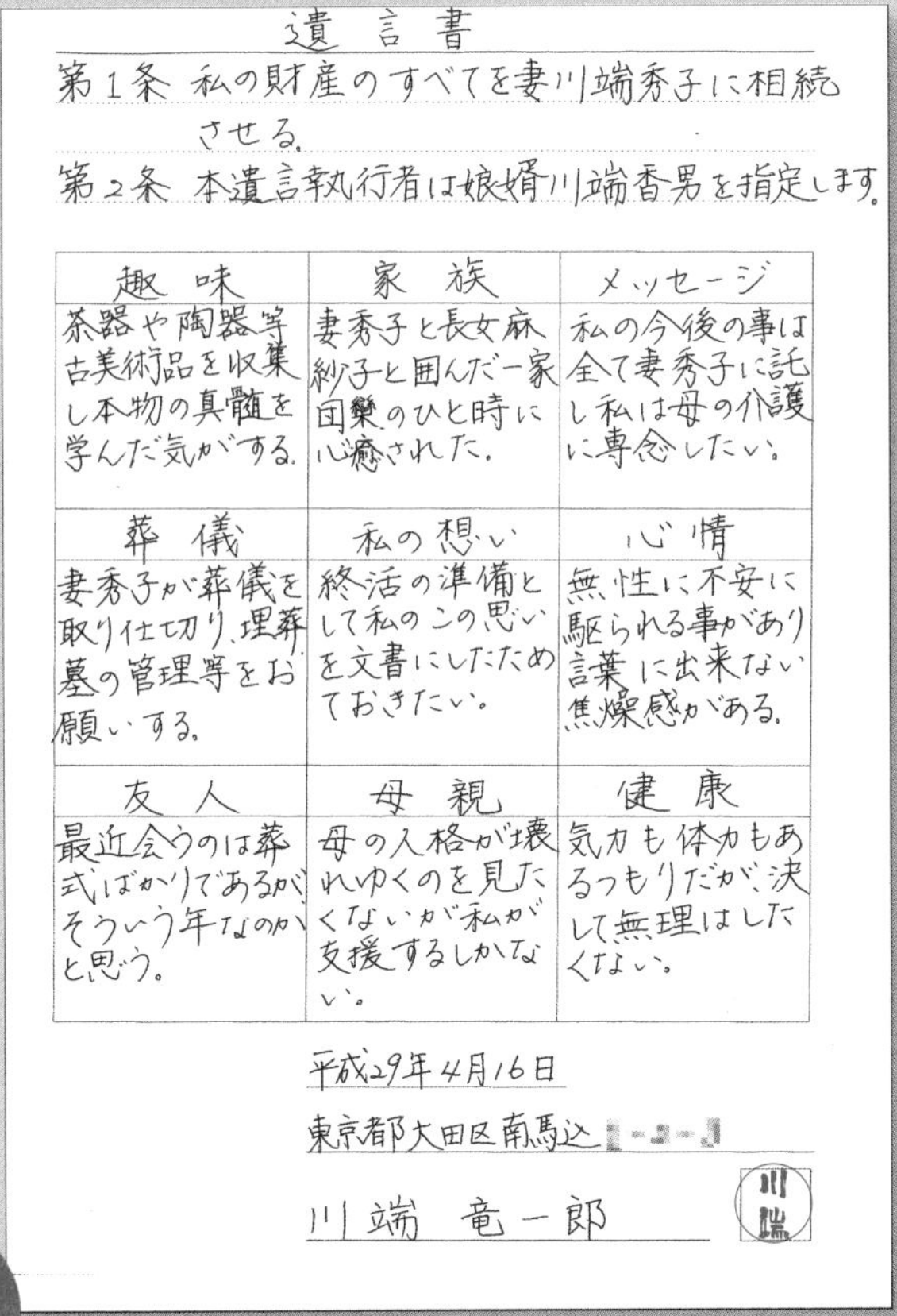

遺言書

第1条 私の財産のすべてを妻川端秀子に相続させる。

第2条 本遺言執行者は娘婿川端香男を指定します。

趣味	家族	メッセージ
茶器や陶器等古美術品を収集し本物の真髄を学んだ気がする。	妻秀子と長女麻紗子と囲んだ一家団欒のひと時に心癒された。	私の今後の事は全て妻秀子に託し私は母の介護に専念したい。
葬儀	**私の想い**	**心情**
妻秀子が葬儀を取り仕切り、埋葬墓の管理等をお願いする。	終活の準備として私のこの思いを文書にしたためておきたい。	無性に不安に駆られる事があり言葉に出来ない焦燥感がある。
友人	**母親**	**健康**
最近会うのは葬式ばかりであるが、そういう年なのかと思う。	母の人格が壊れゆくのを見たくないが私が支援するしかない。	気力も体力もあるつもりだが、決して無理はしたくない。

平成29年4月16日

東京都大田区南馬込[redacted]

川端 竜一郎

体験者の声

母親の介護に追われ、昼夜逆転の生活になっている。言葉にできない焦燥感がある。最近、友人が亡くなることも多く、私も終活準備くらいはしたほうがよさそうだ。でも、なかなか整理がつかない。仕方がないので母や妻や娘のことを書くことにした。すると不思議と、すらすら書ける。徐々に、自分のことも書けるようになった。あぁ、そうなんだ。これがいまの自分だと合点がいった。

〔60代男性〕

育児と仕事に追われる
毎日の不安を払拭したい

遺言書

第1条 私の財産のすべてを夫雄一に相続させる。
第2条 本遺言執行者は夫雄一を指定します。

現状	家族	幸せとは
毎日何かに追われている様に感じる。気持の安らぎが欲しい。	問題が起きても逃げずに、夫と子供達と解決出来たらと思う。	人の役に立てる事をやり続けるのは、きっと幸せなのでしょう。
仕事	**私の想い**	**性格**
福祉の仕事に就いてやり甲斐は感じるが給料がもっと欲しい。	自由奔放な私が夫と結婚し子供が生まれて本当の私になれた。	理系の私は変り者と言われますが表現が下手なだけなのです。
夢	**悩み**	**友人**
子育てが終わって夫と2人で海外にのんびり旅行に行きたい。	家の生活を支える為にお金を稼いでいるが楽にはならない。	個性の強い自分を受け入れてくれた友人達に心から感謝する。

平成29年5月27日

神奈川県平塚市本町

坂井かずみ　坂井

体験者の声

いまは子供中心の生活を送っていますが、いずれ子離れしたとき、「残りの人生、どう生きていくのか」を真剣に考える絶好の機会になりました。不思議なことですが「9マスユイゴン」を書いてから、お金に対する不安も和らぎ、真面目に生きていけば何とかなると思えるようになりました。これも脳内整理のなせるワザなのかもしれませんね。おかげさまで、充実した生活になりつつあります。

〔30代女性〕

大切な人を守りたいという気持ちが遺言のきっかけ

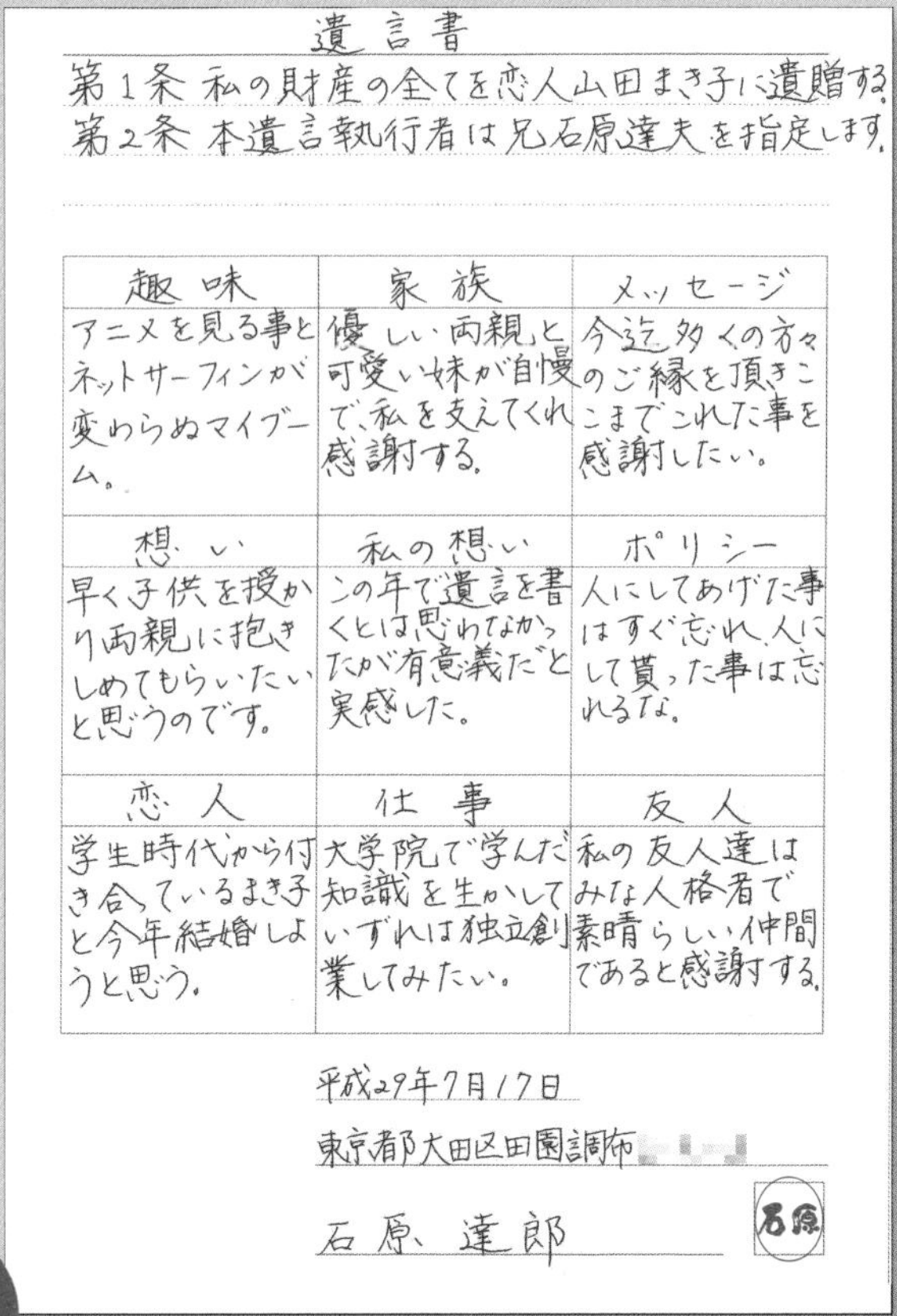

遺言書

第1条 私の財産の全てを恋人山田まき子に遺贈する。

第2条 本遺言執行者は兄石原達夫を指定します。

趣味	家族	メッセージ
アニメを見る事とネットサーフィンが変わらぬマイブーム。	優しい両親と可愛い妹が自慢で、私を支えてくれ感謝する。	今迄多くの方々のご縁を頂きここまでこれた事を感謝したい。
想い	**私の想い**	**ポリシー**
早く子供を授かり両親に抱きしめてもらいたいと思うのです。	この年で遺言を書くとは思わなかったが有意義だと実感した。	人にしてあげた事はすぐ忘れ、人にして貰った事は忘れるな。
恋人	**仕事**	**友人**
学生時代から付き合っているまき子と今年結婚しようと思う。	大学院で学んだ知識を生かしていずれは独立創業してみたい。	私の友人達はみな人格者で素晴らしい仲間であると感謝する。

平成29年7月17日

東京都大田区田園調布

石原 達郎 （印：石原）

体験者の声

この人を守りたいという人が初めてできた。気がつけば、その人のことばかりを考えている。そんなとき「9マスユイゴン」をやってみた。すると、大切な人への想いを通して、なりたかった理想の自分に気がついた。でも現実は、ちらりと垣間見たその自分といまの自分とのギャップに驚いている。少しでもその自分に近づきたい。そして、大切なあの人を守れる自分になりたいと思う。

〔30代男性〕

「9マスユイゴン」の感想

塩原さんに勧められたこともあって、初めて遺言なるものを書いてみました。

父も母も健在で、独身の弟がひとり、名古屋で仕事をしています。とくに財産があるわけでもなく、40代の私にとって遺言など無縁のものと感じていました。

遺言自体、財産分与を記載するものというイメージが強く、あまり筆も進みません。

そこにあの震災です。

家族との連絡がとれたものの、交通機関は止まり、職場から帰宅することも叶わず、携帯は電池切れ。時間の経過とともに空腹感も押し寄せ、電気のない本当に寒い夜を過ごしました。

暗いなか、ニュースを聞きながら、やはり浮かんでくるのは家族のこと、仲間のこと。


この先、どうなるんだろう?

すべてのもの、そして人の命にもリミットはある。

わかっていても、考えることを避けていた自分。

なんの準備もできていないまま命の灯が消えてしまったら……。

「残すべきは財産ではなく、想いをのせた言葉」

いま、口に出すタイミングではない。

時が来れば。

いつかいおう。

でも、恥ずかしい。

いわなくてもわかっているはずだ。

そんな気持ちを抱えたまま、その瞬間が来たら……。


次々と大切な人たちの顔が思い浮かびます。

いつの間にかペンを取り、自分の想いを遺言に書き始めていました。そして、書き始めたら止まらなくなりました。

ある程度整理ができてくると、ある想いが湧きあがってきました。

「毎日できることをやっているか?」

親の顔を見に実家に帰りました。

ある会社では、採用直後のトレーニングのなかで、遺言を書く時間を長く取っているそうです。

遺言を書いたことによってもたらされる、これまで経験したことのない深い人生の振り返りが、「いまできることをやろう!」というエネルギーをもたらしてくれます。そして、いま置かれている環境、家族、友人の本当の大切さを思い出させてくれました。

大切なものを大切にする。

それは、みんなが送りたい人生かもしれませんね。

塩原さん、ありがとう!

中村 俊博(Ｊｏｙ♪)

カンタンだけど法的効力もばっちり！

90分で遺言書

目次

第2章 遺言のイメージを180度変える「9マスユイゴン」

第3章 遺言は自分の気持ちを伝えるツール

第1章

誰の人生にも遺言が必要な時代がやってきた

1 あなたの遺言を見つける旅に出かけましょう

「あなたがこの本を手に取った目的はなんでしょうか?」

それがもし遺言に興味をお持ちで、書いてみたいということなら、私と一緒に遺言の旅に出てみませんか。私の使命は、遺言を自分事として書けるように、あなたの背中をそっと押してあげることです。はじめは難解な民法解釈を突破せねばならず、途中で乗り越えるべきさまざまな山や谷に遭遇しますが、ぜひ私を信じてついて来てください。約90分後には、きっとあなたも遺言が書けるようになるはずです。

ゆっくりでいいんです。これはあなたの人生にとってとても大切なことですから、たとえ1回でできなくても、くじけずに何度もチャレンジしてみてください。気がつけば、遺言が大好きになっていることでしょう。

まず、あなたにとってのプレゼントを贈ります。この遺言の旅で得られる3つのメリットです（次ページ）。もし途中で迷うことがあれば、いつもここに立ち返ってください。くじけそうになる心に、明かりを灯《とも》してくれるはずです。

❶ 遺言とは何か

まず、遺言に関する基礎知識を説明します。

遺言とは「ゆいごん」、もしくは「いごん」と読みます。そして一般的に遺言とは、形式や内容にかかわらず、故人が死後のために遺した言葉や文章を指

遺言で得られる3つのメリット

- 財産のことだけでなく、あなたの気持ちも遺せるもの。遺言は究極の便利ツールである。
- 遺言で自分と向き合うと、いままでの人生と、これからの人生のあり方を見つめられる。
- 大切な人への想いをのせた言葉は、遺言で確実に伝えられ、伝承できる。

します。

また、現在、遺言を書く目的の多くは、死後の法律関係を決める最終意思表示です。故人の遺産を次の世代に残す場合、その所有者を明確にし、争いなく承継させるためのものと考えられています。とくに、民法上の遺言は一定の形式に基づいて自分の最終意思を法的に残すことですが、身寄りがいなくても自分の想いを実現させるために書かれる方もいます。そして最近では、財産分与だけでなく、大切な人に向けて自分の想いを綴《つづ》られる方も増えています。

2 遺言と遺書の違いとは？

遺言は、意思能力があるうちに、財産に関することや、大切な人への想いを自分の最終意思として示すもので、なおかつ法的効力があるものです。

それに対して、遺書とは、言葉こそ遺言に似ていますが、死ぬことを前提にして、自分の気持ちや無念さを家族や友人に手紙として託すものです。多くは自分の身の潔白を示したり、自分が追い込まれてしまったことへの悔恨、その恨みもしくは反省などを残したりします。直前に迫った死を前に、詫《わ》びる心が書かせるのでしょう。

遺言は未来を、遺書は過去を見つめるという点に違いがあります。遺書を残されて読む側は、死んでいった人の無念で悲しい気持ちを感じざるをえず、つらいメッセージとなってしまうのです。自分の意思を発信するのなら、悲しいメッセージではなく、明るく前向きな遺言を書いてみることを提案します。

3 遺言とエンディングノートの違いとは？

最近の終活では、エンディングノートが人気です。本屋さんに行くと、さまざまな種類のものが出ていて、自分の希望や思い出をいろいろなかたちで残すことができます。さながら自分史的な要素で書けるところが受けているのかもしれません。

しかし、エンディングノートを書くのは、けっこう時間を必要とします。途中で断念してしまう人も多いようです。そして、ご本人の葬儀やお墓などに関する希望、知人・友人との思い出を残すことはできますが、それらに法的効力はありません。

遺言には、その大きな特徴のひとつとして法的効力があります。いざ相続が発生したときに、自分の最後の意思を実現することができます。そこがエンディングノートと遺言の一番の違いです。

4 諸外国よりも少ない日本人の遺言

なぜ日本では遺言のイメージが悪いのでしょうか。欧米では60～80％の人々が遺言を書いているといわれているのに対し、日本では亡くなる方の10％程度です。日本で遺言を書く人が少ないのは、サスペンスドラマの中で骨肉の相続争いの原因として登場するものというイメージの悪さもありますが、単に遺言を書く習慣がなかったからだと私は考えています。

それでは、日本人は実際にどれくらいの人たちが

遺言作成件数

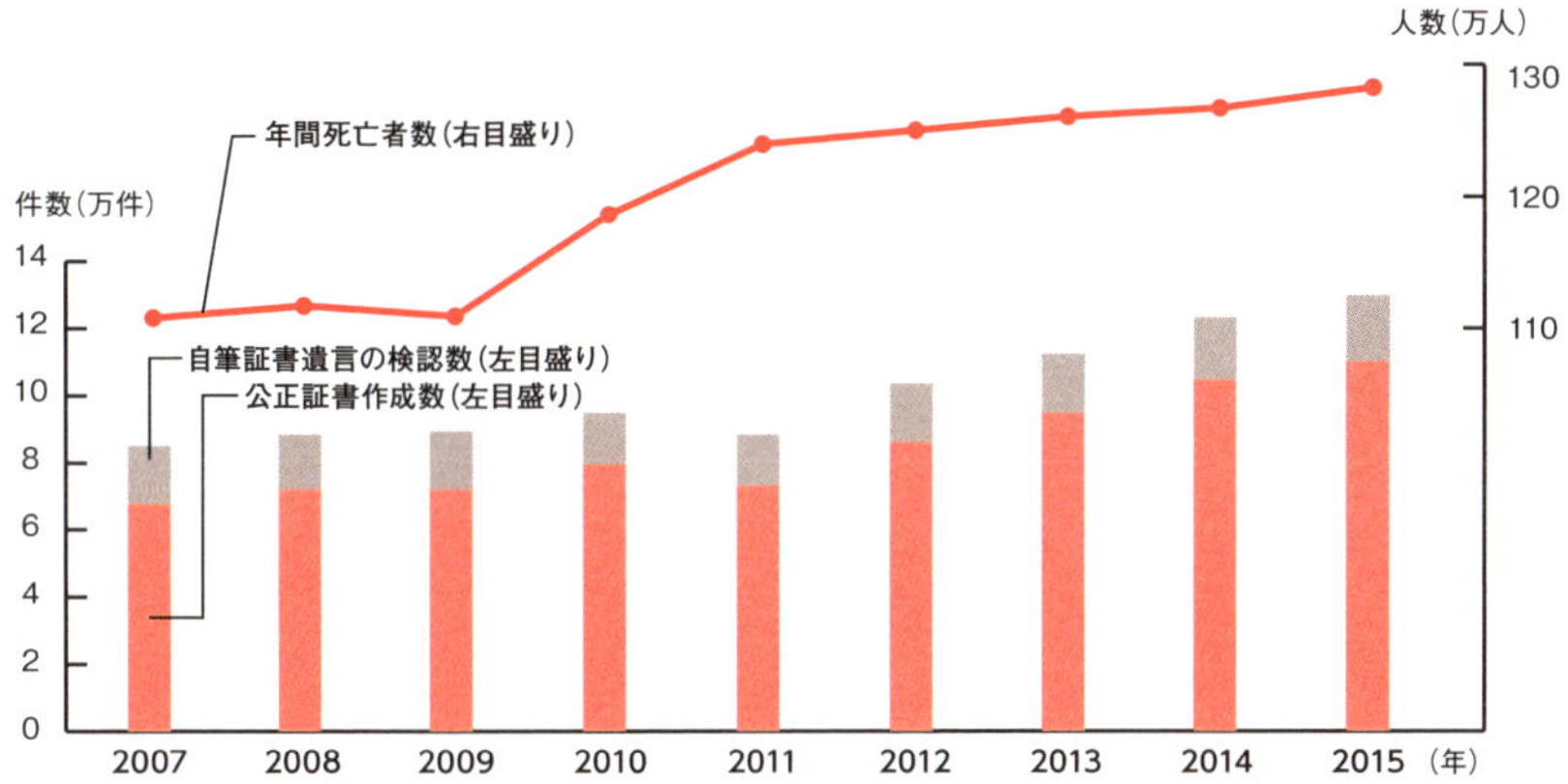

	2007	2008	2009	2010	2011
年間死亡者数	1,108,334	1,142,407	1,141,865	1,197,012	1,253,066
自筆遺言検認数	13,309	13,632	13,963	14,996	15,113
公正証書作成数	74,160	76,436	77,878	81,984	78,754
遺言数合計	87,469	90,068	91,841	96,980	93,867
遺言作成比率	7.89%	7.88%	8.04%	8.10%	7.49%

	2012	2013	2014	2015
年間死亡者数	1,256,359	1,268,436	1,273,004	1,290,444
自筆遺言検認数	16,014	16,708	16,843	16,888
公正証書作成数	88,156	96,020	104,490	110,778
遺言数合計	104,170	112,728	121,333	127,666
遺言作成比率	8.29%	8.89%	9.53%	9.89%

（資料）厚生労働省人口動態統計・裁判所司法統計・日本公証人連合会
ホームページデータより引用

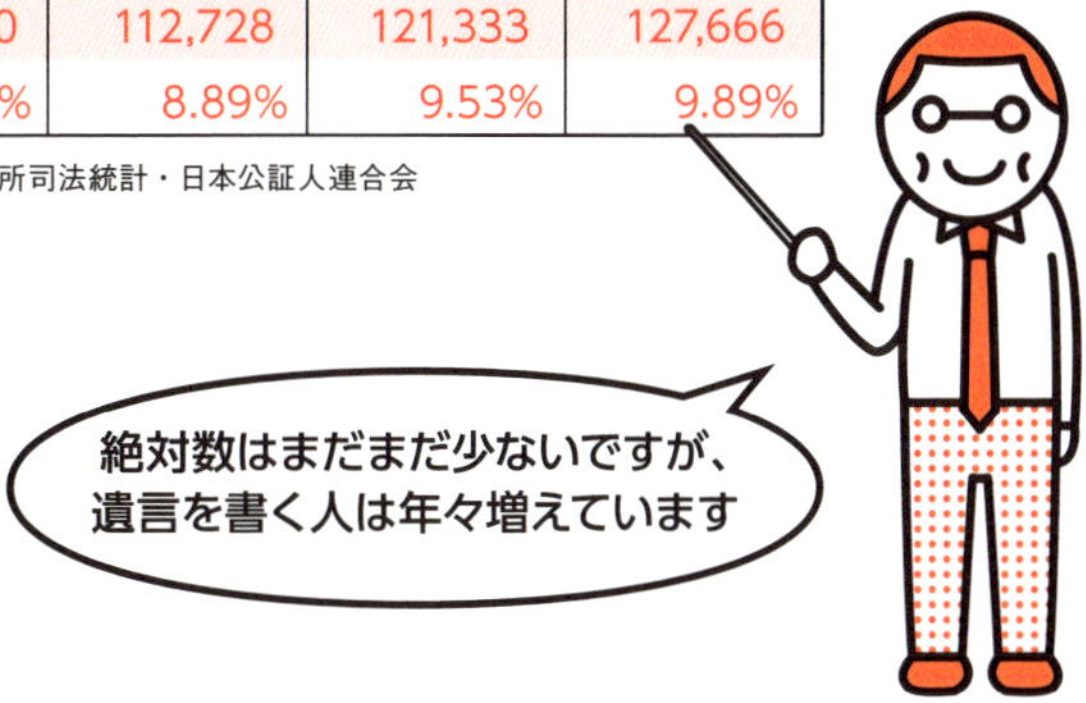

遺言を書いているのでしょうか。

まず、２０１５年に公証役場で書かれた公正証書遺言は11万７７８件（日本公証人連合会ホームページより）です。

それに対して、公証役場を利用しない自筆証書遺言は、厳密なデータは取れないものの、相続発生時の「検認」という手続きの申請数を調べればおおまかにはわかります。裁判所司法統計（２０１５年）によれば、申請数は1万６８８８件です。

それらを合計すると、12万７６６６件となります。一方、厚生労働省の人口動態統計を参照すると、２０１５年に亡くなられた方は１２９万４４４人なので、約９・９％の人たちが遺言を書いていると推測できます。

先進国でこれほど遺言の習慣がないのは日本ぐらいです。欧米では、遺言は若い人々にも浸透し、広く書かれています。アメリカは州によって異なりますが、50～80％が遺言（Ｗｉｌｌもしくはエステートプランニング）を残しており、イギリスでは60歳以上の10人に６人（60％）が遺言を作成しているようです。欧米と日本での比率を比べると、約40％以上の差があります。もし日本で欧米並みに遺言を書く習慣が浸透したなら、50万人以上の人たちが遺言を書く計算になります。

欧米は契約社会なので、自分の権利や財産に関する事前対応は当然かもしれませんが、日本だって契約社会です。日本でも、もっと遺言が書かれていいはずです。

遺言についていろいろ調べてみると、とても魅力的な制度だとわかります。遺言が果たす機能は、相続の面だけではありません。遺言には自分の気持ちを自由に書くことができる「付言」と呼ばれる項目があります。この付言を使って、ふだんなかなか面と向かって伝えられない家族への感謝の気持ちや大切な人へのメッセージを書く人が増えています。

2 まずは何事も基本！遺言の準備を始めよう

遺言の旅をするにあたって、事前に準備しておかなければならないことがいくつかあります。旅行のための身支度《みじたく》や荷造りです。それは遺言の基礎知識を身につけ、遺言のイメージを膨らませることです。必要な基礎知識を学んだら、その次に行うのは、自分に合ったよきツールを選ぶこと（遺言形式の選択）やトレーニングを積んで体力をつけること（遺言を作成する知識を得ること）です。

そして最も大切なことは、あなたがどこに向かって旅をするのか、そのゴールをはっきりと頭に描くことです。実際に遺言を作成するときも、あなたが何のために遺言を作成しようとしているのか、その目的をはっきりさせることが大事です。遺言を作成するときは、何かひとつ自分の目的を見出してください。それは、あなたにしか見つけられないものですし、あなたならきっと見つけられるはずです。

まずは、遺言形式とその特徴が一目瞭然となる比較マトリックスを見てみましょう（33ページ）。

① 遺言には大きく3つの種類がある

遺言は人生における便利ツールだと述べました。そうであれば、まず遺言の種類とその特徴を押さえておきましょう。遺言の種類としては、自筆証書遺言、公正証書遺言、秘密証書遺言の3つが代表的なものです。この3つを普通方式の遺言といいますが、そのうち主に使われているのが自筆証書遺言と公正証書遺言です。

　そして、３種類ある普通方式の遺言に、これからは新しいかたちが加わります。「９マスユイゴン」です。これは、９マスのまんだらを使って遺言を書こうというもので、人生の棚卸《たなおろ》しと脳内整理が簡単にできるメリットがあります。枠を埋めているうちに法的効力のある遺言が書けるようになるのです。かなり個性的ですが、奇をてらったものではありません。人間心理にかなった遺言形態で、形式的には自筆証書遺言となります。それでは、それぞれの遺言の特徴を簡単に見ていきましょう。

●自筆証書遺言とは

　民法で定められている遺言形式としては一番シンプルで簡単なものです。

　自筆証書遺言の要件は以下の４点を備えていることです。

①遺言者が全文を自分で手書きで書く（パソコンは不可）。
②日付を書く（ただし「○年○月吉日」や「○年○月末日」は無効となります）。
③自筆で署名する（特定できれば通称名や雅号《がごう》、芸名でも可）。
④捺印する（認印も可だが、実印が好ましい。指印や花押《かおう》は避けたほうがよい）。

　使用する筆記用具や用紙にはとくに制限はありませんが、鉛筆のように消せるものやティッシュペーパーのように耐久性のないものは避けたほうがよいでしょう。また、遺言は何度書き直してもかまいません。日付の一番新しいものが有効となります。

　自筆証書遺言は、自分ひとりで簡単に書けるところが最大のメリットですが、実際の相続発生時には、手続きがひとつ生じる可能性があります。

　もし親族間で遺産争いが起きそうな場合、遺言の

遺言形式の比較マトリックス

		自筆証書遺言	公正証書遺言	秘密証書遺言	9マスユイゴン
4要件	形式	自分の字で書く	活字にて 公証人作成	活字、word、 代筆可	自分の字で書く
	日付	年月日にて 記載	年月日にて 記載	年月日にて 記載	年月日にて 記載
	署名	本人	本人、公証人、 証人	本人、公証人、 証人	本人
	印鑑	実印でも 認印でも可	本人実印、 証人認印	本人実印、 証人認印	実印でも 認印でも可
遺言に関する必要知識	証人	必要なし	２人必要	２人必要	必要なし
	作成場所	どこでも可	公証役場	密封し公証役場 に持参	どこでも可
	費用	無料	公証役場 手数料他	公証役場 手数料他	無料
	保管場所	本人管理	公証役場、本人、 遺言執行者	公証役場、本人	本人管理
	検認手続	必要	不要	必要	必要
	用紙	制約ないが 耐久性あるもの	公証役場にて 準備	制約ないが 耐久性あるもの	制約ないが 耐久性あるもの
	筆記具	制約ないが 変造防げる物	公証役場にて 準備	制約ないが 変造防げる物	制約ないが 変造防げる物

法的効力を発生させてトラブルを防止するには、家庭裁判所での「検認《けんにん》」という手続きが必要になります。これは、その遺言が確かに本物であるというお墨付きをもらうものです。デメリットとして、検認の手続きに時間を要すると、凍結されてしまった金融機関の預金を動かせないことなどが起こります。

また、もうひとつ注意すべきこととして、遺言が封筒に入れられ封印されているときは、開封しないほうがいいでしょう。家庭裁判所での検認に際して、開封済みの遺言だと、過料《かりょう》（金銭罰）として5万円程度課される場合がありますので、注意が必要です。

●公正証書遺言とは

公正証書遺言とは、遺言者が、公証人（公権力を根拠に証明・認証する人）に対して遺言内容を伝え、公証人がこれを遺言に落とし込み、公証役場が遺言を保管するという方式です。

印鑑証明書を持参したり、2人以上の証人を立ち会わせるなど、法に定められた手続きに従い、いくつかの手順を踏んで作成するため、遺言の作成には時間と費用がかかりますが、基本的に遺言の真正性が問題となることはなく、効力に疑義《ぎぎ》が生じないというメリットがあります。

遺言の効力としては自筆証書遺言と変わりませんが、最も確実に効力を発揮できる方式です。公正証書遺言は原本、正本、謄本《とうほん》の3部が作成されます。原本は公証役場に保管され、保管期間は原則20年（公証人法施行規則27条1項1号）ですが、実際には20年以上保管するところが多いようです。正本と謄本は遺言者に交付され、遺言執行者がいる場合は原則として、正本を遺言執行者が保管しますので、隠蔽《いんぺい》されたり改ざんされたりする恐れはありません。

また、遺言検索システムというものがあります。被相続人の死後であれば、相続人などの利害関係人は、公正証書遺言があるかどうかを全国どこの公証役場からでも問い合わせることができます。原本をデジタルで保存しているため、原本や正本・謄本が大規模災害などで滅失した場合でも復元が可能です。だから、あとになって遺言の有無について争ったり、遺言の内容を争ったりすることは困難です。したがって、公正証書遺言は、安全で確実な遺言の方式であるといえます。

また、民法に定められている遺言では、財産や身分に関することを書き記すことが多いのですが、最近、これ以外にも、個人の生前の意思として、献体の遺言や角膜移植・腎臓移植など臓器提供を目的とした遺言が書かれることもあるようです。献体とは、自分の身体を、死後、医学教育のために解剖体として提供すること、角膜移植・腎臓移植とは、死後、他人のために自分の角膜や腎臓を移植することなどです。

●秘密証書遺言とは

秘密証書遺言とは、遺言の内容を秘密にしておきたいときに作成する方式です。遺言者が遺言の書面に署名・捺印し、これを封筒に入れて密封したあと

コラム

特別方式遺言とは

ご参考までに、普通方式の遺言とは少し違う、特別方式による遺言を紹介します。

これは、生死を争う緊急時に行う遺言です。船や飛行機の事故に直面した状況にあるとか、伝染病などにかかり外界と隔離されている状態であるなど、特殊なケースに置かれた方が書く遺言です。

この遺言には、一般危急時（臨終）遺言、難船危急時（臨終）遺言、一般（伝染病）隔絶地遺言、船舶隔絶地遺言の4つの形式がありますが、特殊な遺言方法のため、作成時にはいくつかの決まりごとがあります。

また、遺言者が普通の方式によって遺言をすることができるようになったときから6カ月間生存するときは、その効力を失います。通常の生活においては、普通方式の遺言を選んだほうがいいでしょう。特別方式の遺言はあくまでやむをえない事情で書くケースです。

に、遺言に押したものと同じ印で封印して作成します。遺言の内容は、他人が代筆したものでも、パソコンでつくったものでもかまいませんが、署名は自筆する必要があります。

遺言者は、封筒を封印したまま公証役場に持参します。公証役場では、2人以上の証人に立ち会ってもらい、公証人に対してその封筒の中身が自分の遺言であること、その遺言を書いたのが誰であるのか、その住所、氏名を伝えます。公証人は差し出された封筒に日付を書き、さらにこれに遺言者、証人、公証人がそれぞれ署名・捺印して、その封筒を遺言者に返します。この秘密証書遺言は、遺言者本人が保管し、遺言者の死亡後、家庭裁判所による検認手続きを経なければなりません。その点は自筆証書遺言の場合と同じです。遺言者が印鑑登録証明書を持参し、2人以上の証人を立ち会わせなければならないところは、公正証書遺言の場合と同じです。

この方式をとるのなら、公正証書遺言を行ったほうが確実で安全といえるかもしれません。実際、この方式による遺言をする人はあまり多くないようです。

●「9マスユイゴン」とは

今回、あなたにお勧めしたいのは、「9マスユイゴン」という人生の棚卸しと脳内整理ができる強力なツールです。これは、私が提唱する遺言の新しいかたちで、自筆証書遺言のひとつです。一般的な遺言よりも簡単に書ける、日記感覚の遺言があってもいいのではないかと思って考案しました。

「9マスユイゴン」の特徴は第2章で改めてご説明しますが、遺言というのは、紙と向かい合ってもなかなか書けるものではありません。そのハードルを下げるために、まんだらを使っています。枠があると、なぜか埋めたくなるという人間心理を活用し、気軽に書けるようにしたことが最大のポイントです。

遺言は、何度でも書き直せて、最後の日付のものが法的効力を持ちます。法的効力があるということは、相続のトラブルに巻き込まれる可能性が極めて少なくなることを意味します。つまり、安心な気持ちで日々を過ごすことができるのです。

遺言は絶対的な効力を持つわけではない

ここで、もうひとつお伝えしておきたいことがあります。遺言は絶対的な効力を持つものではないという点です。

相続はいつ起きるかわからず、もし相続が発生しても遺言作成時点とは財産状況などが大幅に変わっていることがあります。そのような場合は、法定相続人の間で遺産分割協議を行い、すべての法定相続人の合意の上で「遺産分割協議書」を作成します。そして、各法定相続人が署名・捺印（実印）と印鑑証明書を提出すれば、遺言によらない遺産分割が可能になるのです。

それは、財産分与などに関して、被相続人の遺言内容が無効になるということもあることを意味します。もちろん、もともと法的効力の存在しない付言に書かれた内容に関しては、遺産分割協議の影響は及ばず、遺言者の想いが尊重されることはいうまでもありません。

また、法定相続人には「遺留分《いりゅうぶん》」という一定以上の財産を相続する権利が保証されています。例えば、「すべての財産を愛人に遺贈《いぞう》する」と遺言に書かれていた場合、遺言の効力に従って親族でもない人に遺産を相続されることに反対する遺族が出てくるかもしれません。そんなときに「遺留分」を有する人は、その権利を行使することで最低限の遺産を相続できます。

配偶者や子の遺留分割合は、相続財産の2分の1、直系尊属《ちょっけいそんぞく》（祖父母や親などの縦の関係を直系といい、自分を中心として父祖の世代のこと）の遺留分割合は相続財産の3分の1です。なお、兄弟姉妹には遺留分はありません。

❷ 遺言を書くことでできること

世間一般の遺言に関する教科書では、遺言でできることと、つまり遺言の機能は主に4つあると書かれています。

①相続に関すること

- 法定相続割合と異なる相続分の指定など
- 遺産分割方法の指定と分割の禁止など
- 相続人の廃除《はいじょ》など

②財産処分に関すること

- 法定相続人以外への遺贈などに関すること
- 相続財産の寄付などに関すること

③身分に関すること

- 内縁の妻と子供の認知などに関すること
- 後見人および後見監督人などの指定

④遺言の執行に関すること

- 遺言執行者の指定、または指定の委託
- 相続人相互の担保責任の指定

❸ これからの遺言でクローズアップされる新機能

本書を読んで遺言の準備をしているあなたに、世間の一般論をそのままお伝えするつもりはありません。遺言の実情を踏まえながら、私なりに新しく再定義した遺言の機能をご紹介します。

●「財産の見える化」による再分配機能

自分のことは自分が一番よくわからないといわれますが、それは自分の精神面だけでなくて、財産面についても同様のことがいえます。

私のお客様で公正証書遺言を作成されたAさんという方がいます。Aさんはおひとり暮らしで、お子様は遠方にいるため、ほとんど交流がないようでした。お会いしたとき、すでに高齢でしたが、元金融マンということで、自分の財産を見事なまでにきちんと管理されていました。ただ、加齢からくる肉体的衰えには抗《あらが》うことができず、お会いするたびに判断能力が低下していくように思われました。

そんな折、Aさんから「最近、体力に自信がなくなってきてねえ。私の代わりに財産管理をしてもらえないだろうか」との電話をいただき、私はすぐに会いに行くことにしました。すると、あんなにきちんと身の回りのことをされていたのに、家の中はゴミ屋敷状態。判断能力が以前とは明らかに違っているように感じました。福祉や介護関係の支援は受けていないようでした。

そうであっても、会話は十分に成り立ちましたので、Aさんの依頼を受けました。さっそく資産の調査を実施しようと思った矢先に、Aさんの持病が悪化し、病院に入院することになったのです。Aさんだけが資産管理をしていて、遠方の息子さんにもその内容を伝えていなかったばかりに、通帳や印鑑を探し出すのにも相当時間がかかりました。どれだけの資産があるのかもわかりません。

しかし、そんなときに役立ったのが、以前作成した公正証書遺言です。その公正証書遺言には財産項目が明確に記載されていたために、事なきを得たのです。そのおかげで、今後、Aさんに何かあったとしても、息子さんへの資産の承継がスムーズに行われるだろうと思います。

予防法務としての争族防止機能

遺言は、家族との関係や財産の状態など、遺言者を取り巻くさまざまな事情に応じるためになされます。そんな遺言のひとつの側面には、転ばぬ先の杖《つえ》的な役割があります。あなたは普段の生活の中で、虫の知らせを感じたことはないでしょうか。突然、頭に何か啓示のようなものが閃く、あの感覚です。

そんな虫の知らせがあったときは、遺言を作成しておくことが効果的です。

私のお客様で配偶者に先立たれ、子供3人が独立して巣立って行ったあとに、内縁の妻と一緒に暮らしているBさんがいます。あえて結婚されなかったのは考えがあってのことでしょう。その方は、自分の資産の大半を内縁の妻の今後の生活のために遺贈しようと考え、遺言を作成されました。

とても健康だったBさんですが、あるとき事故に巻き込まれて一命を落とされました。内縁の妻の方から連絡をいただき、幸い遺言があったために、3人の子供たちも理解を示して相続争いにはなりませんでした。

このケースは、法律が定める法定相続に優先する効力が遺言相続に認められた例だと思います。もし遺言がなかったら、内縁の妻の方の立場はどうなっていたでしょうか。遺言でBさんの意思が明確であったがゆえに、遺言相続が効力を発揮したのです。

遺言を遺言者側からでなく相続人側から見た場合、「さまざまな実情に応じて遺産を合理的に配分することで、相続人間の公平を実現し、紛争の防止を図る役割を果たすもの」と見ることができるかもしれません。自分の子供や法定相続人たちは仲がいいから大丈夫ということは絶対に言い切れません。最悪の事態も想定して、あらかじめ争族（一族での相続争い）を予防しておくという機能が遺言にはあるのです。

今回は内縁の妻の例でしたが、この場合は必ず遺言を残しておいたほうがいい事例になります。「内縁の妻」とは、単なる同棲者ではなく、社会的には妻として認められていながら、ただ婚姻届が出されていないだけの事実上の妻のことです。このような内縁の妻には、夫の遺産について相続権は原則ありません。唯一、賃借権（賃貸物件に住み続けられる権利等）は相続できると解釈されています。したがって、内縁の夫が内縁の妻に財産を残したいのであれば、遺言で遺産を贈る配慮をしておくべきです。

●精神の浄化機能

遺言を書くことは、自らの来《き》し方《かた》行《ゆ》く末《すえ》に思いを馳せ、ふと立ち止まって、いまの自分を見つめる行為だと思います。財産面を中心に書く遺言であっても、家族や大切な人に想いをのせた言葉を書く遺言であっても同様です。

それは、現在の自分からかつての自分を振り返る行為であり、将来の自分からいまの自分に対して一番大切な要素を紡《つむ》ぎ出す行為だからです。遺言を作成する過程で、あなたは自分と対峙《たいじ》せざるをえなくなるでしょう。その作業をする中で、心が洗われる気持ちになるかもしれません。

私が考案した「9マスユイゴン」はまんだらと遺言を組み合せた新しい遺言で、脳内整理と人生の棚卸しを簡単に行いながら、遺言が書けるというものです。まんだらを使うのは、「枠があると埋めたくなるという人間心理」を活用したためです。加えて法的効力があり、いざというときに、あなたの最終意思を実現させることができ、大切な人に想いをのせた言葉も残せるのです。

「9マスユイゴン」は、今日を、そして明日を強く生きていくための心の拠り所となってくれるでしょう。そして、人生の振り返りを通じて精神を浄化する機能もあると私は思っています。

「9マスユイゴン」には、
いままでの遺言にはない
新しい効用があるのです

3 自分に一番合ったツールを選ぼう

目的が決まり、遺言の種類を大まかに把握したら、次にどの遺言にするのかを選びます。遺言の旅でいえば、地図を見てどのルートを取るかということになるでしょう。

遺言には法的効力がある部分とない部分がありま す。効力がある部分を「本文」、効力がない部分を「付言」といいますが、もっとわかりやすくするために、「本文」を遺産分割などを見据えた「財産的なことを書くもの」と定義し、「付言」を「自分の生きざまや想いを書くもの」と定義します。

本文重視なのか、付言重視なのかという機能と、その遺言で得られる効果に対して費用（コスト）や時間がどうなっているのかを比較して選びましょう。

①遺言の持つ特徴を具体的に知ろう

遺言マトリックス（その1）で、遺言の構成について具体的に見ていきましょう。

遺言の機能について、本文を重視するのか、付言を重視するのかという切り口で考えてみます。

まず一般的な自筆証書遺言は、「内容的に自由度の高い、自分で作成する遺言」になりますが、やはり実際には、財産面を重視して本文を作成される方が多いようです。自分の生きざまや想いを残せる付言については、現時点では少数派であると考え、この位置づけとなりました。

公正証書遺言に関しては、なんといっても財産に

遺言マトリックス（その１）

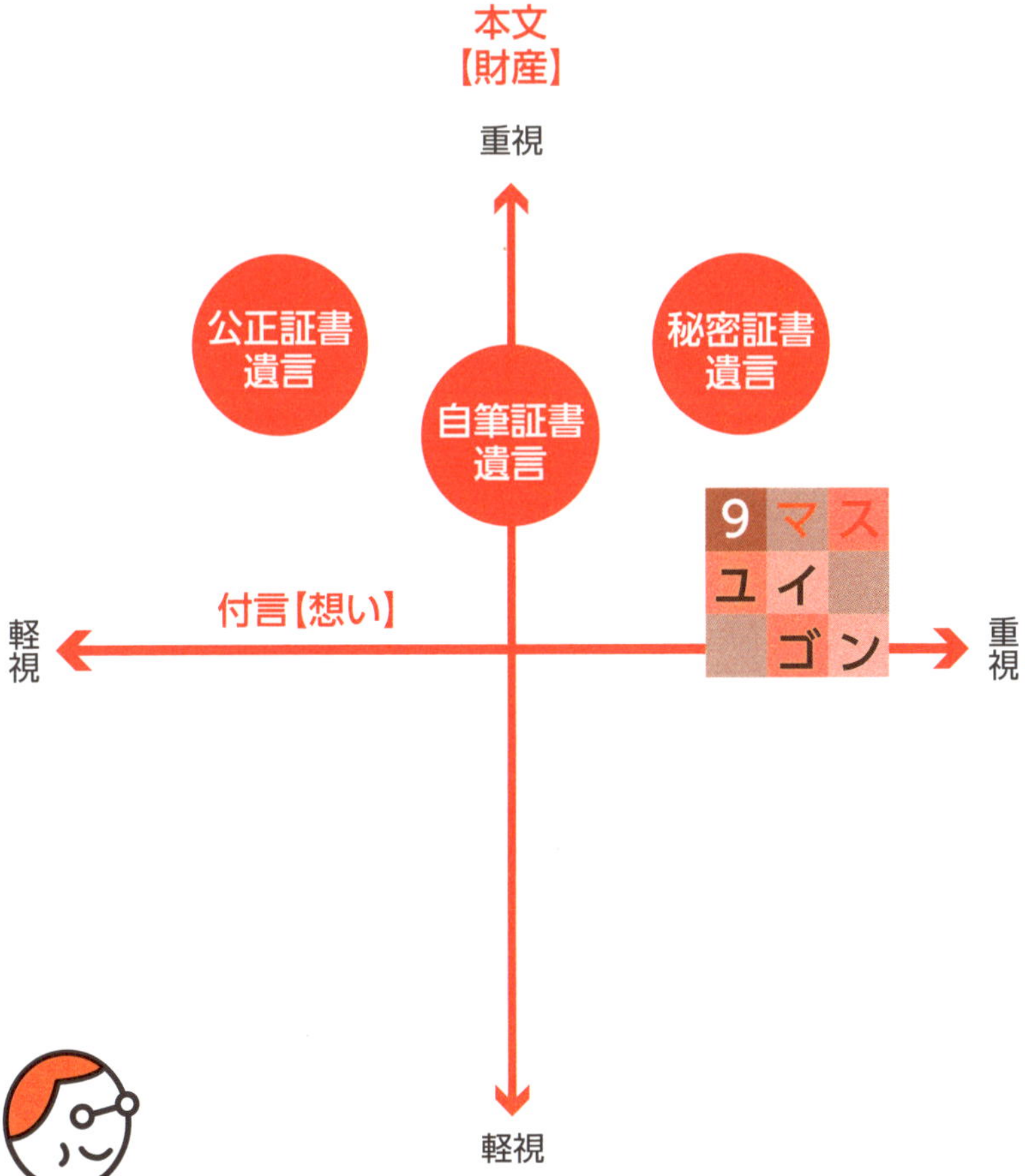

ついて記載する本文を重視し、自分の生きざまや想いを残せる付言は比較的ウエイトが低いものと位置づけます。公正証書遺言は法律上の公文書であり、公証役場で活字にして作成されるので、どうしても硬い文面にならざるをえないという一面があります。もちろん、公正証書遺言にも付言は書けますし、それを有効活用される方も多いです。私の事務所では、公正証書遺言に、その方の生きざまや大切な方への想いを綴ってもらっています。中には、その付言をとても気に入られ、自分の葬儀で弔辞《ちょうじ》として読んでほしいという方もいらっしゃいました。要するに、遺言も使いようということですね。

次に、秘密証書遺言ですが、こちらも公正証書遺言と同様に公証役場で作成されるものです。手書きや代筆でも可能であり、比較的自由度の高い形式なので、生前に配偶者や家族にいえなかった内容を書かれる方もいらっしゃいます。例えば、隠し子がいて、秘密証書遺言で認知する場合などです。その意味で、本文の財産的事項や身分行為に関することを重視し、なおかつ、自分の生きざまや想いを残せる付言も重視する位置づけとしました。

最後に「9マスユイゴン」ですが、これらの中では最も自由度が高い形式で、本文寄りにも、付言寄りにも書けます。この中では「自分の来し方行く末に想いを馳せ、大切な人への想いを書く」ことが多いので、付言寄りの位置づけとしました。

❷遺言の費用対効果は？

次に、遺言作成における「作成コスト」と「作成時間」について、遺言マトリックス（その2）で比較してみましょう。まず作成コストですが、自筆証書遺言と「9マスユイゴン」は、紙とペンと印鑑があればいつでもどこでもお金をかけず、あなたひとりで作成することができます。原則的に費用がかからないので、作成コストは小です。

公正証書遺言と秘密証書遺言は、公証役場での作

遺言マトリックス（その2）

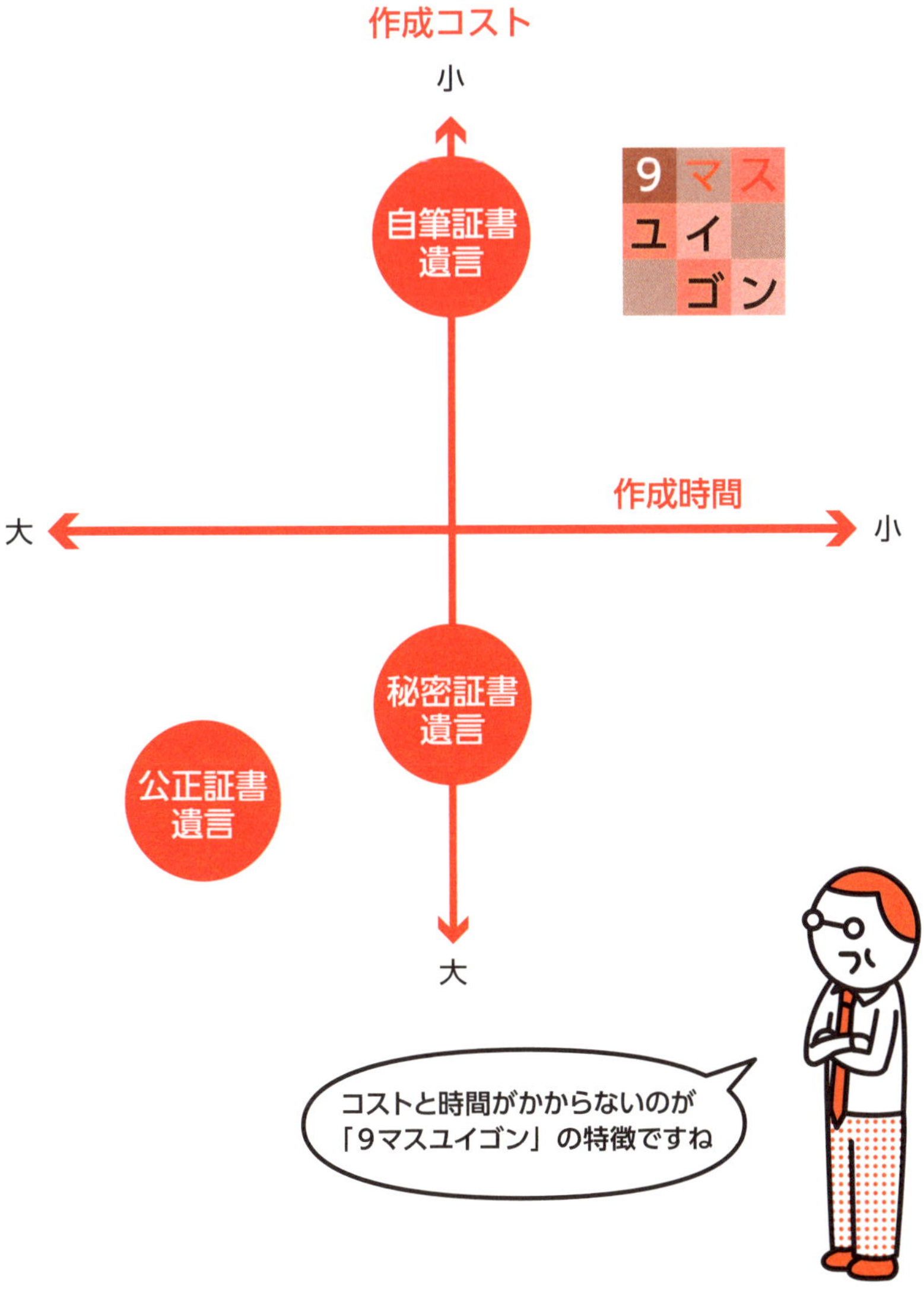

成料が必要となります（費用の目安に関しては、公証役場のウェブサイトやお近くの公証役場に直接ご確認ください）。また、弁護士、司法書士、行政書士に原案作成をしてもらったり戸籍・住民票等の公的書類の収集などを依頼する場合は、その費用も必要です。プロに依頼するメリットは、仕事をきちんと履行し、守秘義務も守ってくれる点です。

次に作成時間については、公正証書遺言と秘密証書遺言は、公証役場での作成手続きやその原案作成、住民票など公的書類の取り寄せが必要となるので、比較的多くの時間を要することが一般的です。

それに対して、自筆証書遺言は自分のペースで好きな時間に書くことができるので、時間をかけずに作成することも可能です。でも、そうはいっても、はじめての場合は、作成にあたってさまざまなことを調べる必要があるため、多少の時間を要します。

そして「9マスユイゴン」は、さらに時間短縮が可能で、約90分でつくることができます。早い人はもっと短い時間で作成できると思います。これは、まんだらの枠があると埋めたくなる人間心理を活用しているからです。ただし、これらの遺言作成の時間については個人差があるため、あくまでも目安のひとつとしてください。

コラム

「署名捺印」と「記名押印」の違いは？

印鑑の押し方に「捺印」と「押印」がありますが、その違いをご存じでしょうか？

「捺印」と「押印」は、正しくは「署名捺印《しょめいなついん》」と「記名押印《きめいおういん》」として使用します。つまり「署名」か「記名」かによって、印鑑を押す行為の呼び方が変わってくるのです。「署名」は、本人が氏名を手書きすることですが、「記名」は、代筆、ゴム印、ワープロ等での印字で氏名を表示してもかまいません。

「署名」は筆跡鑑定をすることで、本人であるかどうかを鑑定できるので、証拠能力があります。「記名」の場合は証拠能力がありません。つまり「記名押印」より、「署名捺印」のほうが法的な証拠能力が高いということです。

第2章

遺言のイメージを180度変える「9マスユイゴン」

1 「9マスユイゴン」とは何か？

それでは準備も整ったところで、いよいよ本格的に遺言の旅に出発しましょう。

遺言の旅の最大のイベントは、「9マスユイゴン」の作成です。あなたは終活や遺言に関して、書籍やテレビ、インターネットなどのメディアでいろいろな情報に触れられてきたと思います。でも、そこにはなかった「遺言の新しいかたち」をご紹介いたします。

❶「9マスユイゴン」の特徴

人は日々の忙しさの中で、自分と向き合う時間が持てないばかりか、そもそも自分とじっくり向き合うことをしていないのではないでしょうか。私はいままでセミナーやワークショップを通じて、多くの老若男女の方々に「9マスユイゴン」を書いてもらいました。みなさんは、書き出しはゆっくりですが、いったん書き始めると止まらなくなります。中には、書きながら涙を流す人もいます。そして誰もが「あぁスッキリした」とか「人生の全体像がわかった」「生きる勇気が湧いてきた」と感動の言葉を口にされるのです。

「9マスユイゴン」の活用法は大きく分けて2つあります。ひとつ目の使い方は、「9マスユイゴン」をあなたの自筆証書遺言として使用する場合です。これからご説明する方法で作成すれば、法的効力のある大切な遺言になります。

9マスユイゴンシート

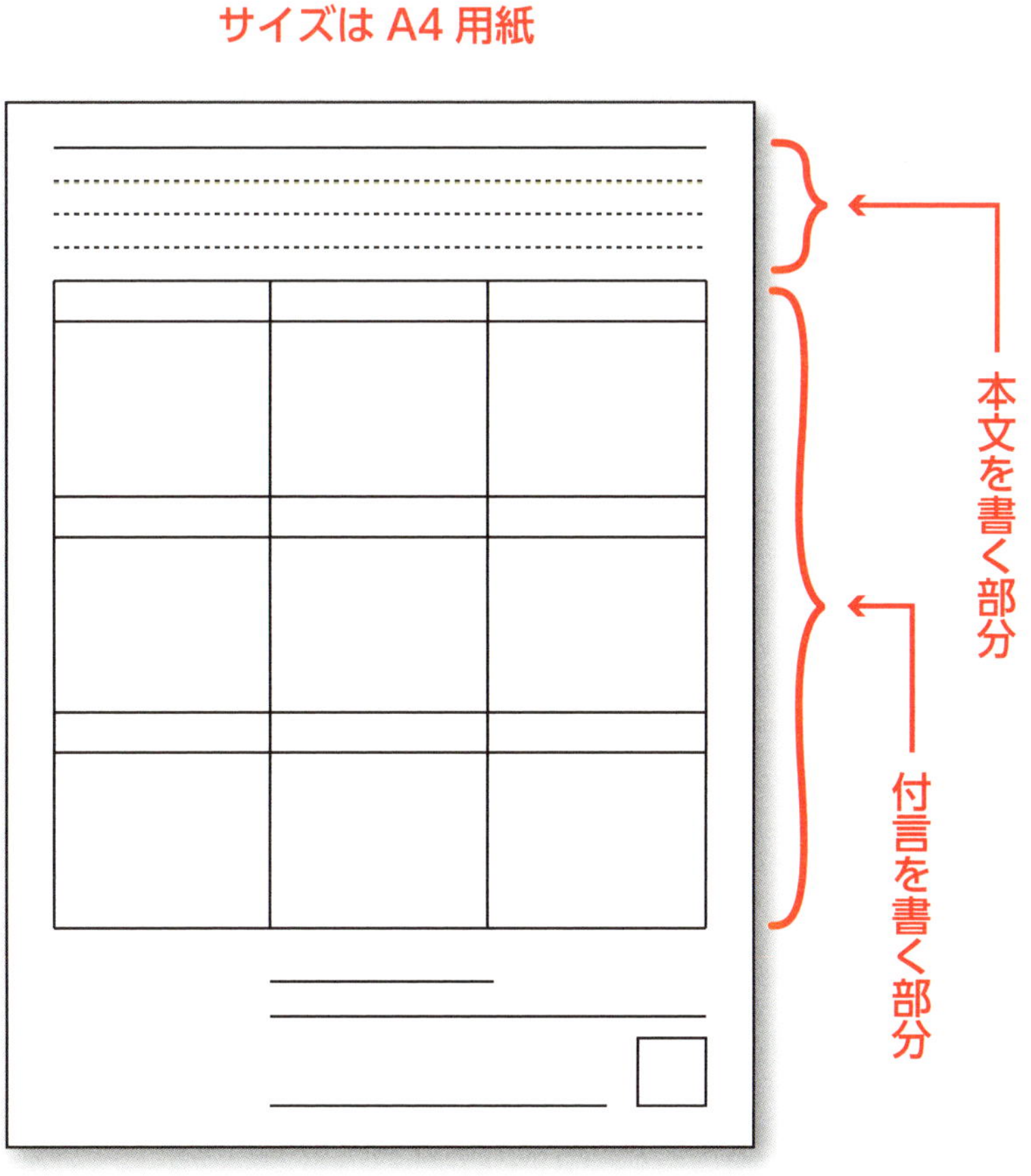

もうひとつの使い方は、公正証書遺言を作成するための準備として「9マスユイゴン」を活用する場合です。「9マスユイゴンシート」（124ページ）を使ってさまざまな権利関係を明確にした上で、法律上の公文書である公正証書遺言を作成します。どちらの方法をとるかは本書を読み進めながら決めていきましょう。

「9マスユイゴン」は、原則、A4のシート1枚で書けるようになっています。遺言の種類でいうと、自筆証書遺言にあたります。実は、自筆証書遺言というのは非常に簡単で、4つの要件を満たせばよいのです。すなわち、①自分の手書きの文字で書く、②日付を書く、③名前を書く、④印鑑を押す、の4つだけです。印鑑は認め印でもかまいませんが、できれば実印が好ましいでしょう。基本的には、それで法的効力があるものができます。

「9マスユイゴンシート」には、本文について記す部分があります。文頭に「第一条」「第二条」と列記しますが、これが実際に法的効力を発揮する部分です。その下に、9マスの枠があります。これは、遺言でいうところの付言にあたります。中央の1マスにタイトルを書き込み、日付を記します。法的には最新のものが有効になりますので、その点だけ注意してください。

次に、周りの枠に8つのテーマを書き込みます。テーマは自由に設定してかまいません。そして、それぞれのテーマに沿ってマス目を埋めていきます。最後に、改めて日付、住所（必須ではなく推奨）、自筆で署名し、捺印すれば完成です。

はじめは戸惑ったり、これでいいのだろうかと迷ったりすることもあるかもしれません。でも、徐々に慣れてきますので、大胆にどんどん書き進めることをお勧めします。

②「9マス」があなたの人生を整理する

日々考えたり、悩んだりしていることを、遺言という形で整理する。それを10年後、20年後に読み返してみると、「あのとき書いておいてよかったな」と思うことがきっとあるでしょう。

自分の人生をシート1枚に落とし込む作業というのは、自分の頭の中を整理できるのはもちろんのこと、長い目で見て未来の自分への手紙ともなるものなのです。

③遺言は15歳からできる法的行為

私たち日本人の生活になじみがない遺言。あまり知られていない事実ですが、日本の法律（民法）では15歳から遺言を書くことができます。そして前述の通り、日本人は諸外国に比べて遺言を書く人があまりにも少ないのです。

そう気づいたのは、行政書士事務所を開業して間もなくの頃でした。それは遺言のイメージが悪いからだと思った私は、日本人でも簡単に書ける「9マスユイゴン」を考案しました（遺言を「ユイゴン®」として商標登録し、「ユイゴンシート」を意匠登録）。

④なぜ、まんだらのかたちを使うのか？

「9マスユイゴン」はまんだらに由来するフォーマットを使用しています。弘法大師《こうぼうだいし》空海《くうかい》が唐から持ち帰った「金剛界曼荼羅《こんごうかいまんだら》」は、見るお経であり、最強のかたちであるともいわれます。あなたがクロスワードパズルや数独に熱中するのも、この原理を応用しているからなのです。

円や輪を意味する梵語の「マンダラ」という語を漢字で写した言葉が、曼荼羅《まんだら》です。仏典の中では「輪廻《りんね》具足《ぐそく》」と訳されています。「集まったもの」「満ち足りていること」「聖なる空間」などの意味があります。

とくに仏教美術では、たくさんの仏が規則正しく並んだ絵のことをまんだらと呼んでいます。円のように欠けたところがなく、完全に満ち足りているという仏様の悟りの世界を表しています。真言密教を

金剛界曼荼羅

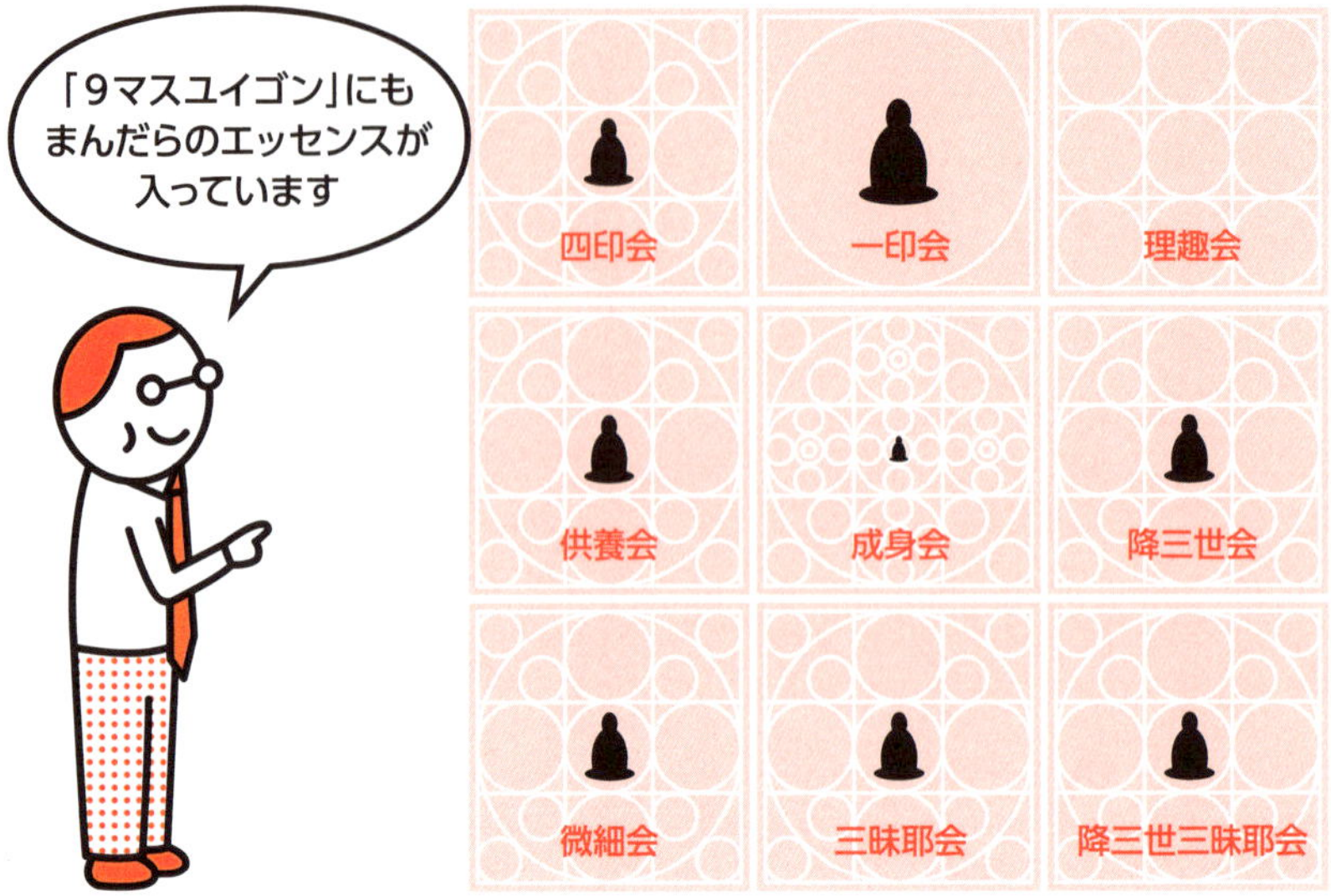

日本に広めた空海も、密教の教えを絵で理解することの大切さを述べています。

まんだらにはいろいろな種類がありますが、胎蔵《たいぞう》界曼荼羅《かいまんだら》と金剛界曼荼羅の2つの絵からなる「両界《りょうかい》曼荼羅《まんだら》」はその代表です。

胎蔵界曼荼羅は「大日経」、金剛界曼荼羅は「金剛頂教」というお経を絵で示したものです。もともと別々であった2つのまんだらがひとつになり、空海がさらにその考え方を発展させ、この2つの界（両界）が、大日如来《だいにちにょらい》という仏を中心とした密教の教えを表すものと考えました。

金剛界曼荼羅の金剛とはダイヤモンド（金剛石）の意味です。硬さ・鋭さを示し、仏様の絶対的な智《ち》慧《え》が揺るぎなく、無知の迷いをことごとく打ち破る働きを持っていることを象徴しています。金剛界曼荼羅は、仏様の慈悲が私たちに働きかける姿と、私たちが仏様の悟りの世界に向かう修行のあり方を示しているといわれています。

2 「9マスユイゴン」ではテーマが大事

遺言の新しいかたち「9マスユイゴン」は独特なスタイルを持っています。とくに、まんだらを埋めるテーマの選択が重要になります。

① 「9マスユイゴン」セミナーでお伝えしていること

「9マスユイゴン」を広めるために、数年前から、10人前後のワークショップを月に数回、都内で開催しています。所要時間は最低3時間ほど。そんなに時間がかかるのかと思われるかもしれませんが、多くの人は8つのテーマを出すところからかなり悩まれるので、あらかじめ「家族へ」「終活・葬儀について」「夢」「仕事」「勉強」「健康」など、テーマの例をいくつか提示する場合もあります。

さらにワークショップでは、仕事なら仕事というテーマをひとつ取り出し、それをまた8項目に展開していきます。8テーマ×8項目で、全部で64項目のマス目を埋めていくわけです。埋め終わったら、今度はそれを「9マスユイゴン」に書き込むために絞り込んでいきます。ひとつのテーマを深掘りしていくのも時間がかかりますが、おそらく一番大変なのは、一度書いたものを捨てる、凝縮していく作業です。この作業で、自分にとって要るもの、要らないものが明確になっていきます。

これまでワークショップに参加された方は20代後半から80代まで、男性よりも女性のほうが多かったです。生き方に関する悩みは男性にもあるでしょうが、女性のほうがそうした悩みに対して積極的に行動を起こしているように思います。参加される方の年齢層、性別によって雰囲気はだいぶ違います。20〜30代の女性は、初対面でも隣の人と仲よくなって、自分が書いたものを見せ合います。一方、40〜50代の男性中心だと、そういうことはまず起きません。でも、せっかくの一期一会の出会いなので、できるだけ交流を持っていただくようにしています。

② 参加された方々の感想

セミナーに参加された方々からは、「ものすごくすっきりした」「自分の全体像がわかった」「これからやるべきことがわかった」といった感想をいただいています。また、「忙しい日常の中で自分と向き合う時間がほとんどなかった」ことに気づかれる方が思った以上に多かったように思います。なかには「頭がすっきりして仕事の効率が上がるようになってきた」とおっしゃる方もいます。

私自身も、月に1回は「9マスユイゴン」を書いて棚卸しをしています。家族のこと、お金のこと、健康のことなど、一貫して共通しているテーマはいくつかありますが、そのほかは以前とだいぶ変わってきて、自分の役割はいったいなんであろうかとか、自分は日本や世界に対してどういうことができるかなど、ちょっと大きいテーマを設定するようになりました。

また、「『9マスユイゴン』をいつ書いたらいいのでしょうか?」という質問をよく受けますが、自分と向き合うタイミングは人それぞれで違うと思います。「9マスユイゴン」はいつ書いてもいいものです。定期的に誕生日や新年などに書いてもいいですし、子どもが生まれたときや転職したときなど、人生の節目節目に書いてもかまいません。自分と向き合うタイミングはそれぞれで違います。極論すれば、思い立ったときが書きどきだともいえるのです。

3 「9マスユイゴン」本文の特徴

遺言を構成するのは、本文と付言です。本文には主に財産や権利関係に関することを書きます。法的効力があるのがこの部分です。本書では目安として、本文作成に45分、付言作成に45分、合計90分としていますが、あなたのペースで書いてください。

❶本文は拡張できる

「9マスユイゴン」はA4のシート1枚で書けるのが特徴だと述べましたが、通常の「9マスユイゴンシート」には、本文を書くスペースは3行ほどしかありません。もっといろいろ書きたいときは、どうすればいいのでしょうか?

実は、本文に特化した「9マスユイゴン本文シート」があるのです。シート1枚ではなくなりますが、「9マスユイゴン本文シート」に本文を書き、「9マスユイゴンシート」には主に付言を書くことで、文章量を気にせずに遺言を書くことができます。

「9マスユイゴン本文シート」に付言を書いた「9マスユイゴンシート」をつける場合は、次のような一文を付け加えるといいでしょう。

「私の想いは付言として、別紙9マスユイゴンシートに契印《けいいん》を捺印して当該9マスユイゴン本文シートと一連のものとして記載する」

2枚以上にわたる「ユイゴンシート」を一体のものにする方法は80ページの「契印」の欄をご参照ください。

本文の注意点

その１　「９マスユイゴンシート」

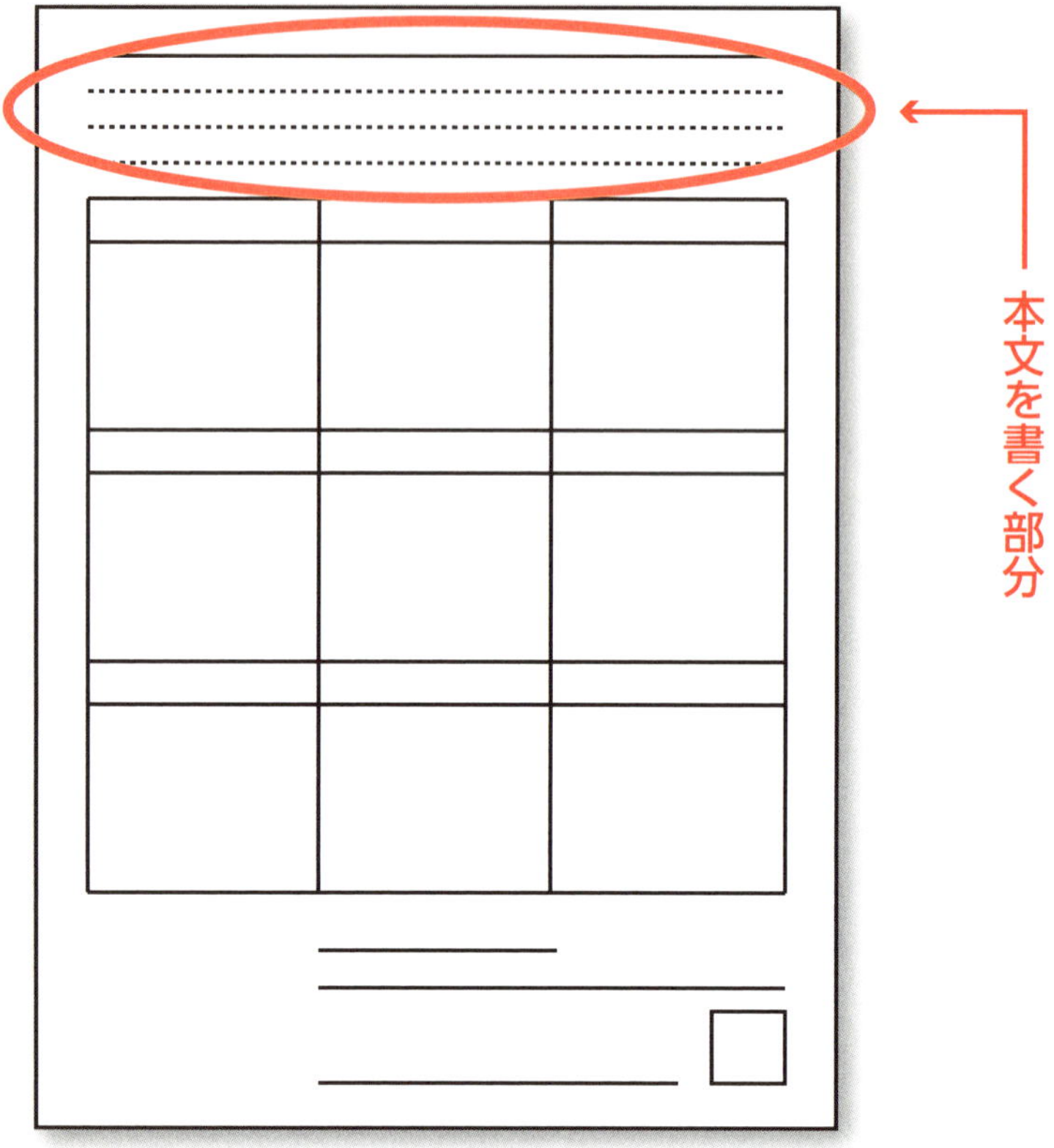

【法的効力のある本文に書くこと】
1. 財産の概要
2. 遺産分割に関すること
3. 認知に関すること
4. 遺言執行者に関すること
5. その他法的効力を持たせたいこと

本文をもっと書きたいとき

その２ 「９マスユイゴン本文シート」

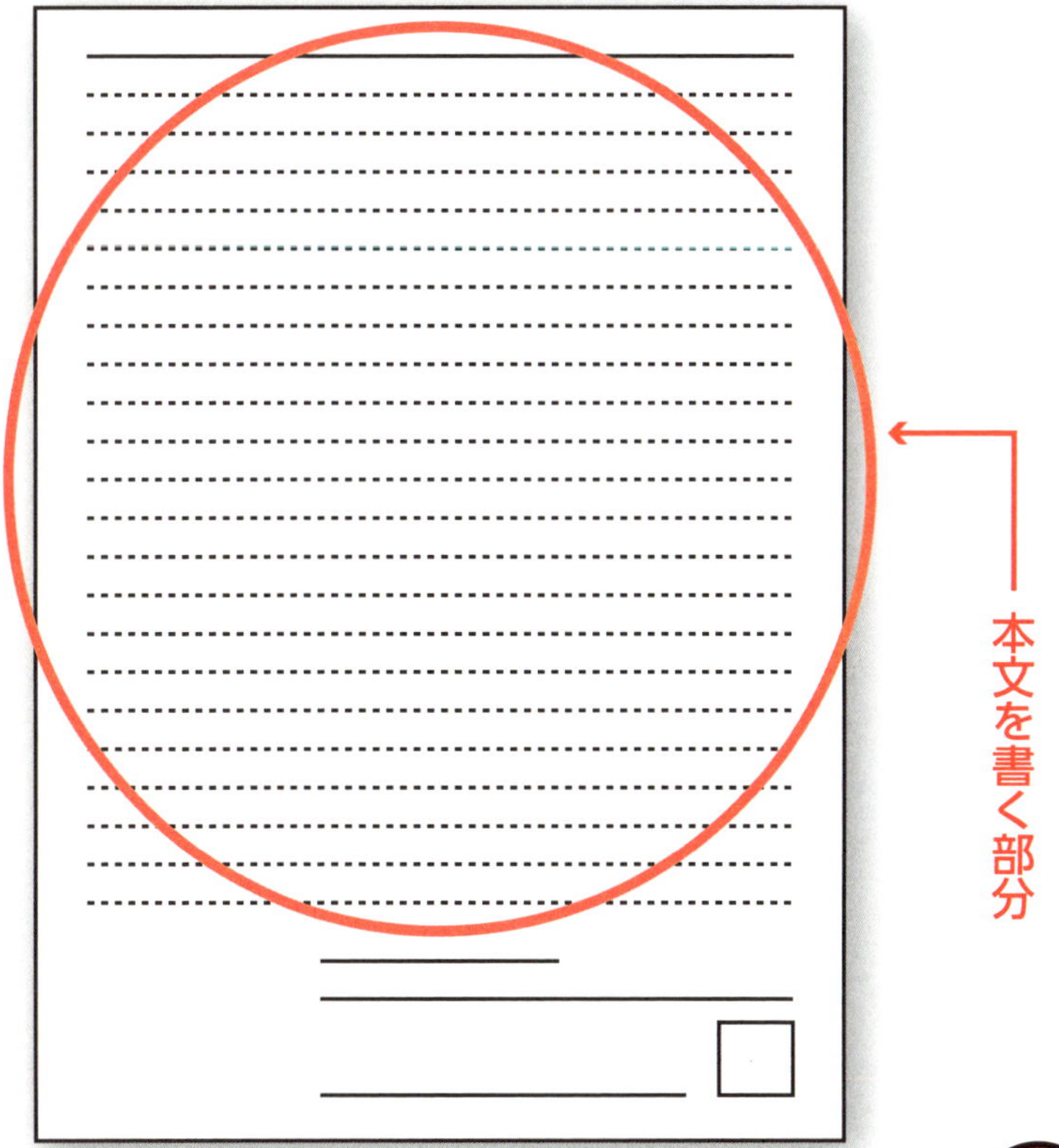
本文を書く部分

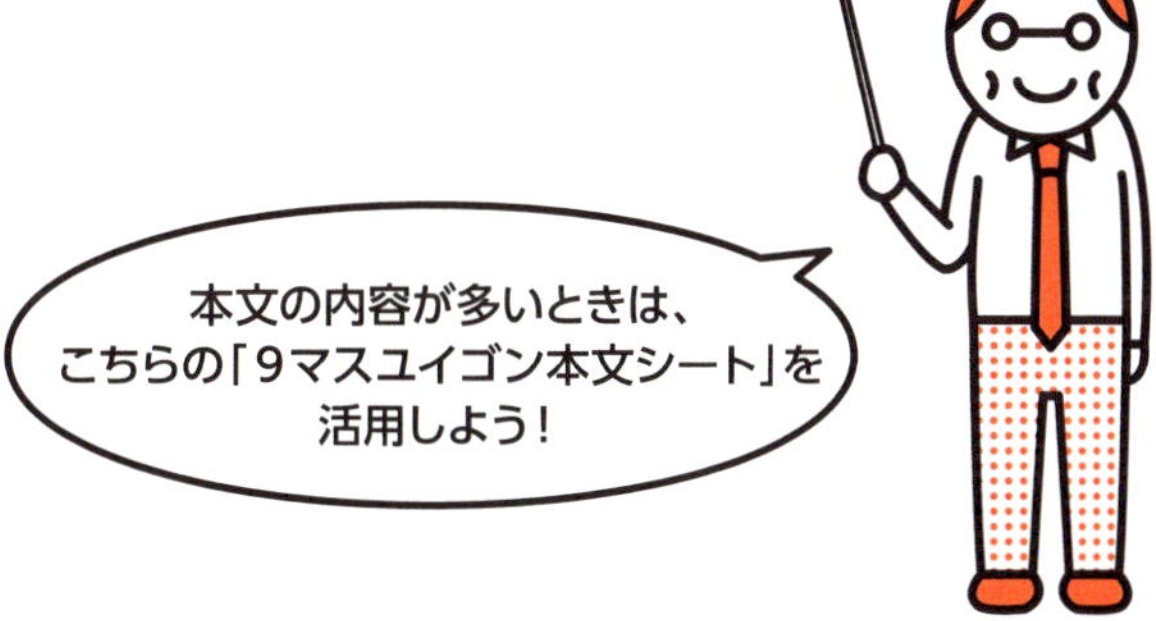
本文の内容が多いときは、
こちらの「９マスユイゴン本文シート」を
活用しよう！

4 本文作成の3つのステップ

「9マスユイゴン」では3つのステップで本文を書きます。以下の手順にそって作成してみてください。

●**ステップ1　「棚卸しシート」に記入**

自らの財産や身分関係を中心に大局的な棚卸しを行います。いまのあなたにとって大切な8つのテーマを選択してください（目安10分）。「棚卸しシート」は122ページにあります。

●**ステップ2　「深掘りシート」に展開**

次に8つのテーマひとつひとつを深掘りし、さらに、それぞれを8つの項目に展開してみましょう。すべてのマスを埋めると、8×8＝64項目になります。この作業はとくに時間を要しますが、焦らず自分のペースで取り組んでみましょう（目安20分）。「深掘りシート」は123ページにあります。

●**ステップ3　「ユイゴンシート」に凝縮**

展開した64項目はすべて大切なものかもしれませんが、それぞれの項目をよく吟味して、本当に必要なものをひとつずつ選び出し、「ユイゴンシート」に集約してください。あなたの資産と権利関係を整理できることでしょう（目安15分）。「ユイゴンシート」は124～125ページにあります。本文の文章量に応じて使うシートを選択してください。

本文作成の３つのステップ

ステップ１

1. 財産や身分関係の棚卸し開始

「棚卸しシート」に記入〔10 分〕
中央に名前と日付を入れ、自ら選択した８つのテーマと概要を書く。

（例）

保険関係	債権・債務関係	土地・建物不動産関係
証券関係	私の財産や身分関係 9月9日	銀行関係
遺言執行者選任	子供認知	寄付遺贈等財産処分

ステップ２

2. 脳内整理の実施

「深掘りシート」に展開〔20 分〕
８つのテーマと概要に沿って、それぞれを展開する。

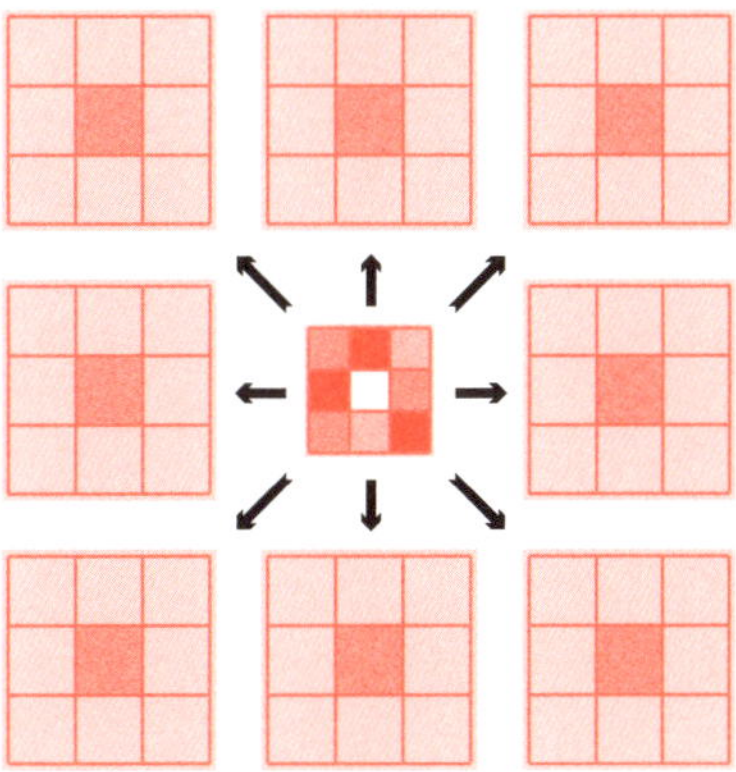

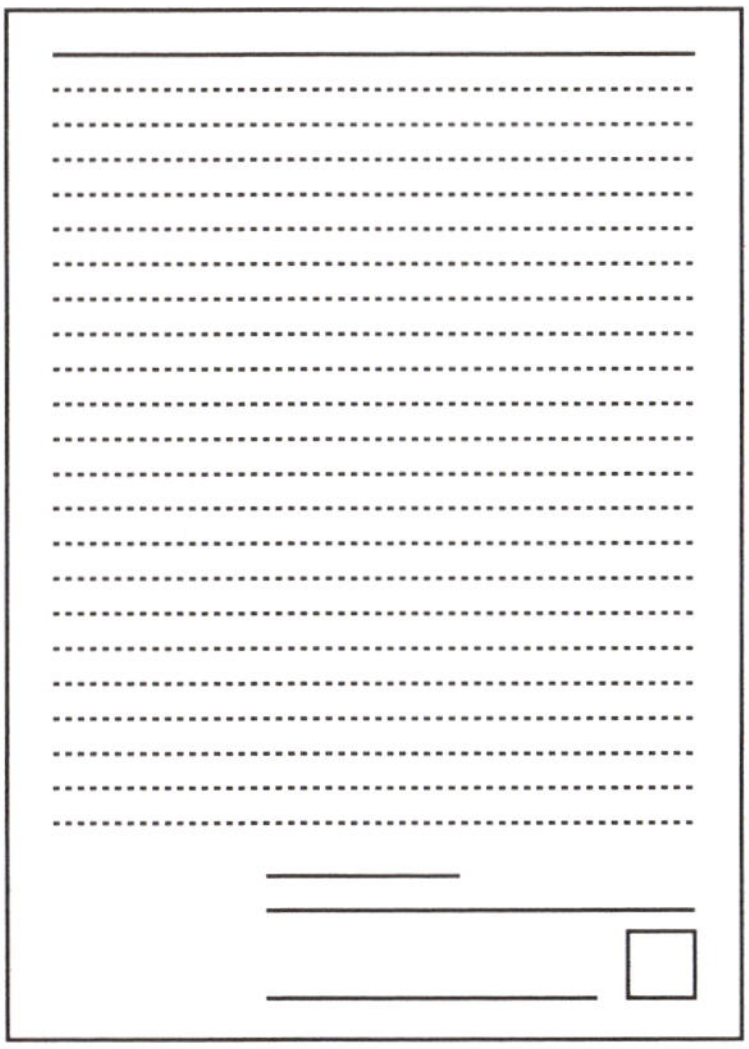

ステップ３

3. あなたの財産や権利関係を「9マスユイゴン本文シート」に凝縮させよう!〔15 分〕
自分の有形・無形の資産を棚卸しして、いったんすべてを書き出し、余分なものをそぎ落として、本当に自分に必要なものだけを抽出する。

5 ステップ1「棚卸しシート」に記入

「自分のことを棚卸しするって、よくわからない」
そう思われるかもしれません。でも、大丈夫です。そんなに難しいことではありません。

❶ まんだらで、いまのあなたを整理する

棚卸しとは、もともと会社の決算日などに行う業務のひとつで、商品や製品の在庫を数え、在庫の金額を把握することです。棚卸しを行うことで、現在の会社の損益や経営状態を把握し、今後の経営に役立てることができます。

あなた自身の棚卸しをすることとは、あなたの存在を正しく把握することです。あなたを取り巻く状況はどうなっているのか、そして何を望んでいるのか。それらを正直に書き出すことで、これからどの方向に進めばよいかがきっと見えてくるでしょう。

これは本文作成のためのテーマ出しですので、主に財産や身分に関することを記載し、法的効力を持たせたい部分を中心に書きます。

作成手順をご説明します。まず真ん中のマスにあなたが書いた証しを入れます。思いつかなければ、「財産のこと」でもいいですし、日付と名前を書くだけでもいいでしょう。

次に8つのマスに、財産状況などのテーマを書いていきます。頭に思い浮んだものを各数字の横に入れていきます。1から8の順番で書いてもいいですし、好きな数字に入れていってもけっこうです。

本文「棚卸しシート」の例

気になることを書き出す

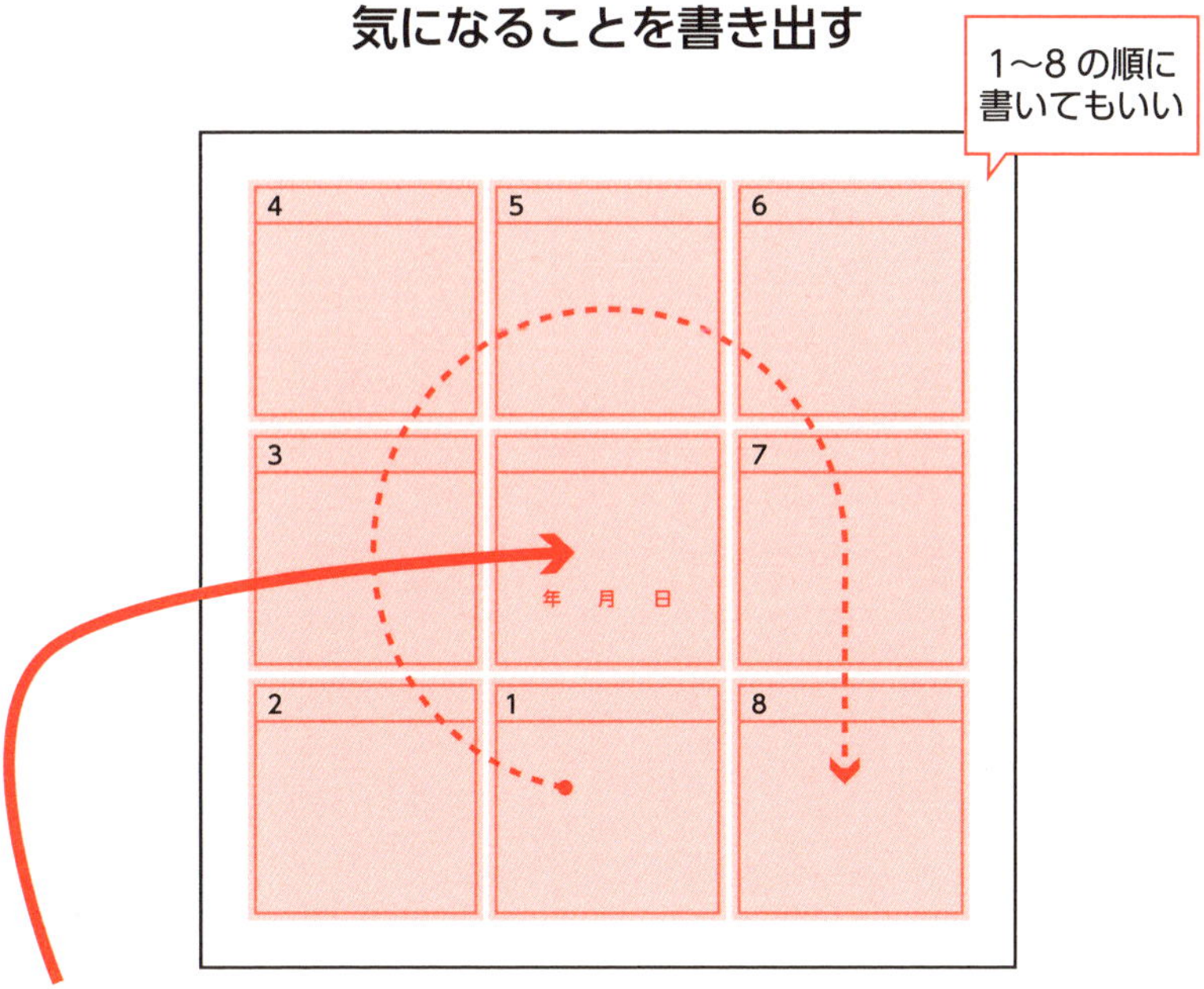

はじめに
あなたが書いた
証しを入れる

＜よくあるテーマ＞

財産に関すること：保険　証券　銀行　不動産
債権・債務　寄付　など

身分に関すること：認知　後見人　など

6 ステップ2　「深掘りシート」に展開

先ほど選択した8つのテーマに対して、それぞれを深掘りしてさらに8項目に展開していきます。

❶ 謄本や証書を見て正確に書き出す

「9マス深掘りシート」を使って、8つのテーマを深掘りしていきます。シートはA3サイズくらいに拡大したほうが書き込みやすいでしょう。

全項目を埋めると、8テーマ×8項目＝64項目になりますが、全部を埋める必要はありません。あなたのペースで、できる範囲で行えばよいのです。だって、あなたの遺言なのですから。ポイントはあくまで事実に基づく内容を記入することです。

展開の例では「土地・建物不動産関係」「銀行関係」「寄付遺贈等財産処分」を取り上げています。ここではスペースの関係上書き切れませんでしたが、実際に書くときは「土地・建物不動産関係」であれば、対象を特定できるように不動産登記簿謄本を見ながら一字一句漏れのないように書きましょう。

「銀行関係」であれば、〇〇銀行〇〇支店と普通預金（貯金）・定期預金（貯金）の種別、口座番号を正確に記します。「寄付遺贈等財産処分」であれば、どの財産管理を誰に対して、どうしたいのかを明確に書きます。ここは法的効力を持たせる部分なので、できる限り正確に書いてください。

でも、まだ確定事項ではありませんので、ゆったりとした気持ちで取り組んでみましょう。

本文「深掘りシート」の例

ひとつのテーマを8つにひろげる

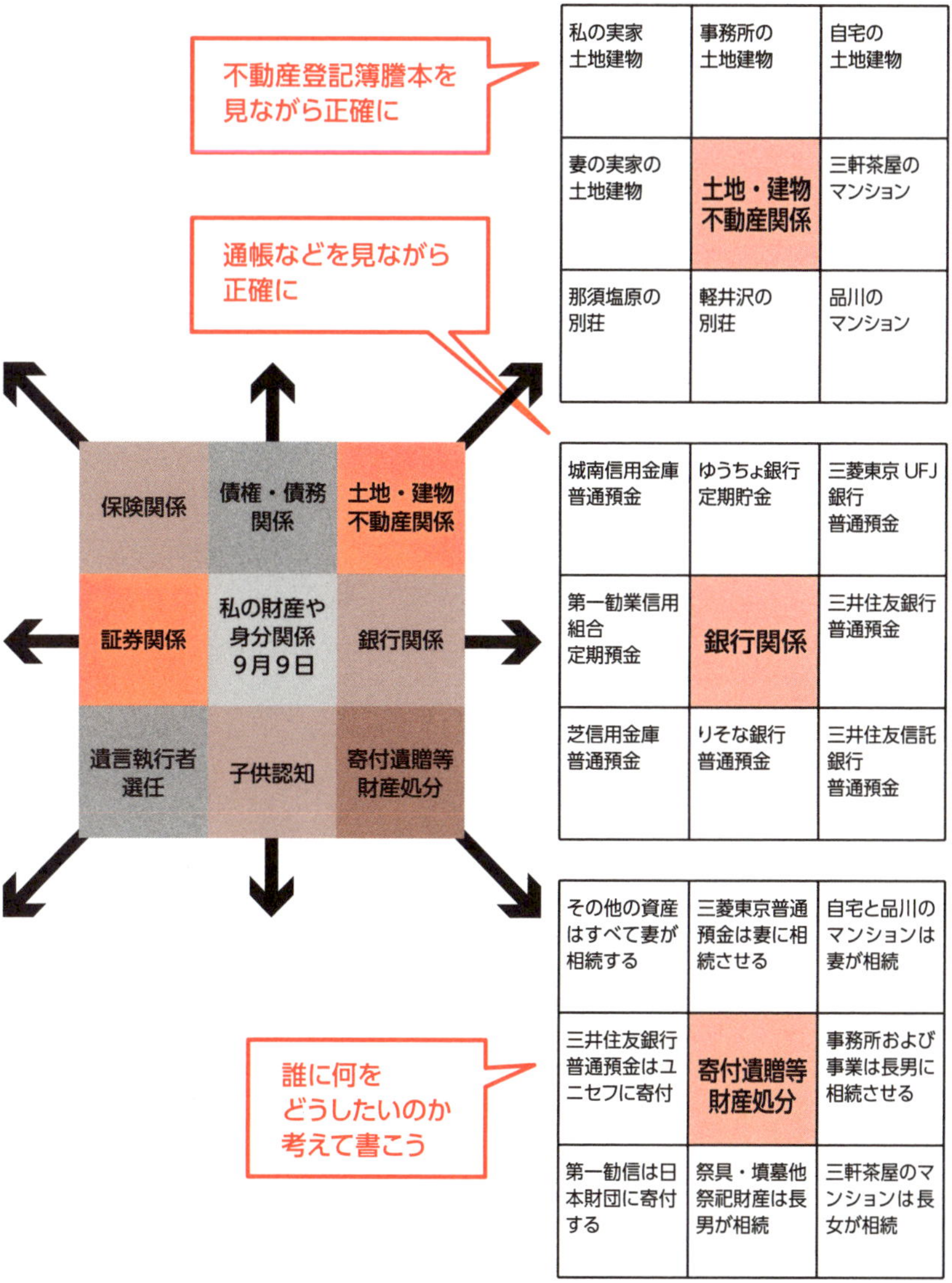

7 ステップ3 「ユイゴンシート」に凝縮

次はいよいよ法的効力のある「ユイゴンシート」の書き方を伝授します。

❶ 遺言として残したいものだけを書く

「深掘りシート」には最大で８×８＝64項目ありますが、それぞれの項目をよく吟味して、本当に必要なものを選び出します。それを「ユイゴンシート」の本文の欄に書き出していきます。

選択の基準は、遺言として残したいものは何かという、あなたの中の優先順位です。

その際に、文章量が少なければ「９マスユイゴンシート」を、文章量が多ければ「本文シート」をお使いください。

それでも足りなければ、２枚のシートを使ってもかまいません（本文が複数枚にわたる場合は80ページ参照）。

次ページの凝縮の例では、「土地・建物不動産関係」「銀行関係」「寄付遺贈等財産処分」の中から、必要な項目を「本文シート」に書き出しました。これが最終のシートになるので、展開のときと同様に、「土地・建物不動産関係」は不動産登記簿謄本を見ながら対象を特定し、漏れのないように書きましょう。

「銀行関係」であれば、金融機関先とその内容を正確に書き、「寄付遺贈等財産処分」であれば、どの財産を誰に対して、どのようにしたいのかを明確に記すようにしてください。

本文「ユイゴンシート」の例

最も大切なものを中心に書く

城南信用金庫 普通預金	ゆうちょ銀行 定期貯金	三菱東京UFJ銀行 普通預金
第一勧業信用組合 定期預金	**銀行関係**	三井住友銀行 普通預金
芝信用金庫 普通預金	りそな銀行 普通預金	三井住友信託銀行 普通預金

私の実家 土地建物	事務所の 土地建物	自宅の 土地建物
妻の実家の 土地建物	**土地・建物 不動産関係**	三軒茶屋の マンション
那須塩原の 別荘	軽井沢の 別荘	品川の マンション

正確に記載

その他の資産はすべて妻が相続する	三菱東京UFJ普通預金は妻に相続させる	自宅と品川のマンションは妻が相続
三井住友銀行普通預金はユニセフに寄付	**寄付遺贈等 財産処分**	事務所および事業は長男に相続させる
第一勧信は日本財団に寄付する	祭具・墳墓他祭祀財産は長男が相続	日々健康に働いて、人に感謝される幸福と充実

遺言書

私は次の通り遺言します。
遺産の分割は下記の通りとする。
第1条　東京都大田区桜町9丁目9番地の土地建物は妻秋山麗子に相続させる。
第2条　東京都大田区桜町9丁目9番地 909 は妻秋山麗子に相続させる。
第3条　東京都大田区桜町本町9丁目1番地の土地建物は長男秋山大に相続させる。
第4条　東京都渋谷区三軒茶屋9丁目9番地 909 は長女秋山少子に相続させる。
第5条　相続開始時の三菱東京銀行普通預金は全て妻秋山麗子に相続させる。
第6条　相続開始時の三井住友銀行普通預金は全てユニセフに寄付する。
第7条　相続開始時の第一勧業信用組合定期預金は全て日本財団に寄付する。
第8条　祭祀主宰者に長男秋山大を指定し祭祀に関する一切の財産を相続させる。
第9条　その他の資産は全て妻秋山麗子に相続させる。
第 10 条　遺言者は本遺言の執行者として、行政書士 塩原匡浩を指定する。

私の想いは付言として、別紙 9 マスユイゴンシートに契印を捺印して当該
9 マスユイゴン本文シートと一連のものとして記載する。
この遺言は私が全部書いたものである。

平成29年9月9日
東京都大田区桜町9丁目9番地
秋山 真之介　（秋山）

どうしたいのか、あなたの意思を反映させる

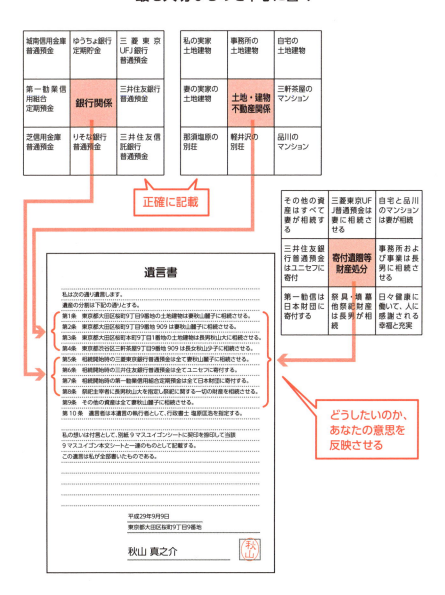

8 「9マスユイゴン」付言の特徴

次に、遺言のもうひとつの構成要素である付言についてご説明します。

① 付言は遺言の心の部分

私は、付言こそ大事な部分だと感じています。私が遺言について深く研究するようになったのも、付言の魅力にのめり込んだからです。遺言の本文が身体の部分であるとしたなら、付言は心の部分だと思います。

「9マス棚卸しシート」に書いた自分の思いを凝縮させ、珠玉の言葉を生み出しましょう。書く項目は8つ以上あると、とても内容の濃い遺言になることでしょう。

遺言は自分だけのものではありません。遺言を書いたことを家族や大切な人に伝えたり、場合によっては見せておくのもよいでしょう。

なぜなら、あなたの人生は、決してあなただけのものではなく、多くの人たちとつながっているからです。

そして、遺言は死ぬために書くものではなく、生きるために書くものであり、遺言に書かれた言葉があなたの存在意義そのものになる場合があるかもしれません。

付言を通じて、自分と向かい合いながら、これまでの人生をより深く理解していきましょう。

付言の注意点

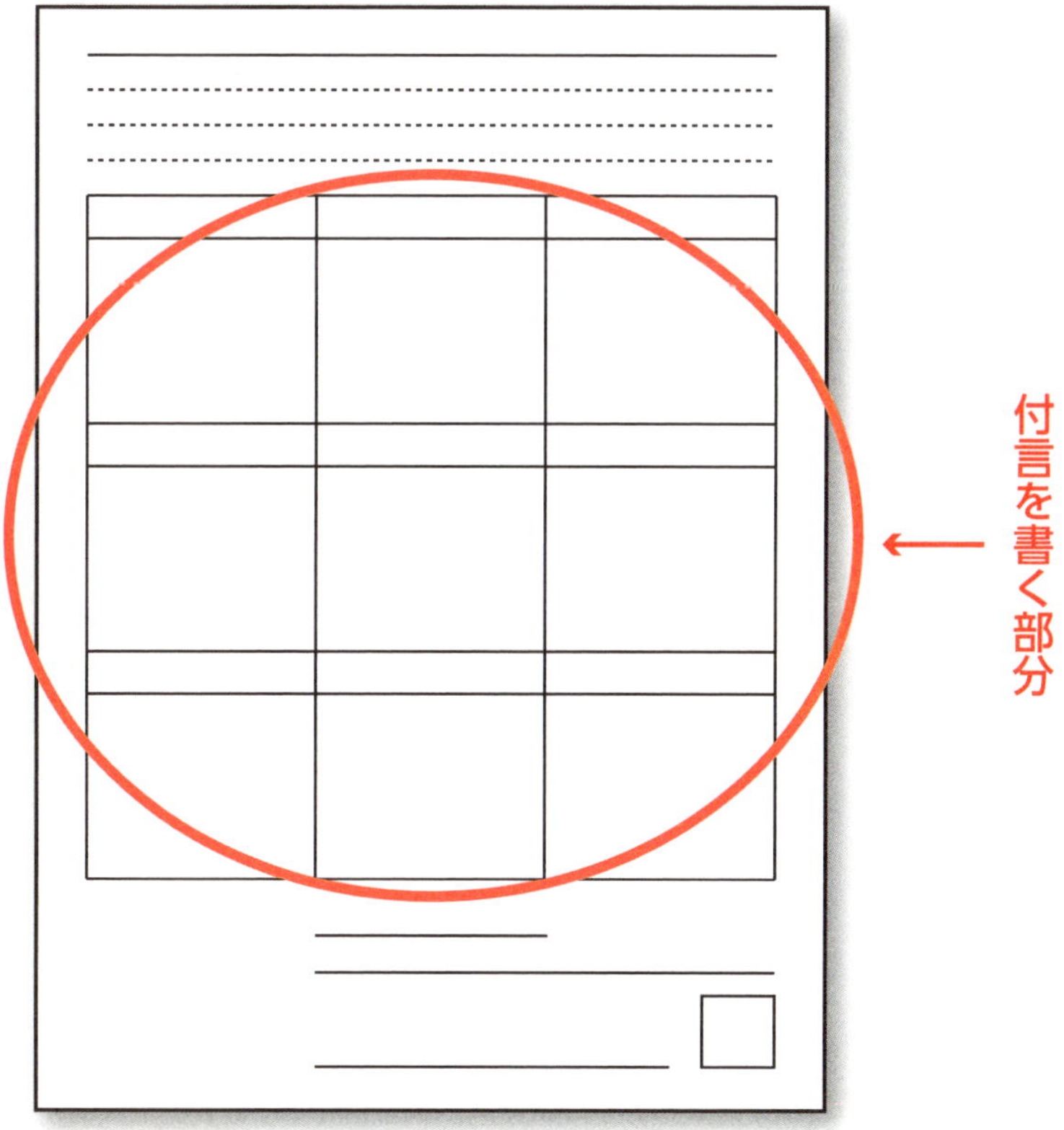

【法的効力のない付言に書くこと】

1. 自分の人生の来し方行く末に思いを馳せる
2. 自分の生きざまを記す
3. 大切な人に想いをのせたメッセージを書く
4. 自分がこれからしてみたいこと
5. 希望・願望・その他の事項

9 付言作成の3つのステップ

「9マスユイゴン」では3つのステップで付言を書きます。以下の手順にそって作成してみてください。

●ステップ1　「棚卸しシート」に記入

自らの人生の来し方行く末に想いを馳せ、自分の生きざまや大切な人への想いを中心に、大局的な棚卸しを行います。頭にひらめいた8つのテーマを自由に選択してみてください（目安10分）。

●ステップ2　「深掘りシート」に展開

次に8つのテーマひとつひとつを深掘りし、さらに、それぞれ8つの項目に展開してみましょう。すべてのマスを埋めると、8×8＝64項目になります。

この作業はとくに時間を要すると思いますので、焦らず自分のペースで取り組んでみましょう（目安20分）。

●ステップ3　「ユイゴンシート」に凝縮

展開した64項目はすべて大切なものかもしれません。でも、あえて本当に必要な8項目だけを選択・抽出します。あとは思い切って削ぎ落とすようにしてください。

この凝縮する作業を通じて、自分の人生の全体像が見え、一種の爽快感が味わえることでしょう（目安15分）。

付言作成３つのステップ

ステップ１

1. 人生の棚卸し開始

「棚卸しシート」に記入〔10 分〕
中央に名前と日付を入れ、自ら選択した８つのテーマと概要を書く。

（例）

趣味	身体	家族
夢	私の想い 9月9日	メッセージ
使命	友人	仕事

ステップ２

2. 脳内整理の実施

「深掘りシート」に展開〔20 分〕
８つのテーマと概要に沿って、それぞれを展開する。

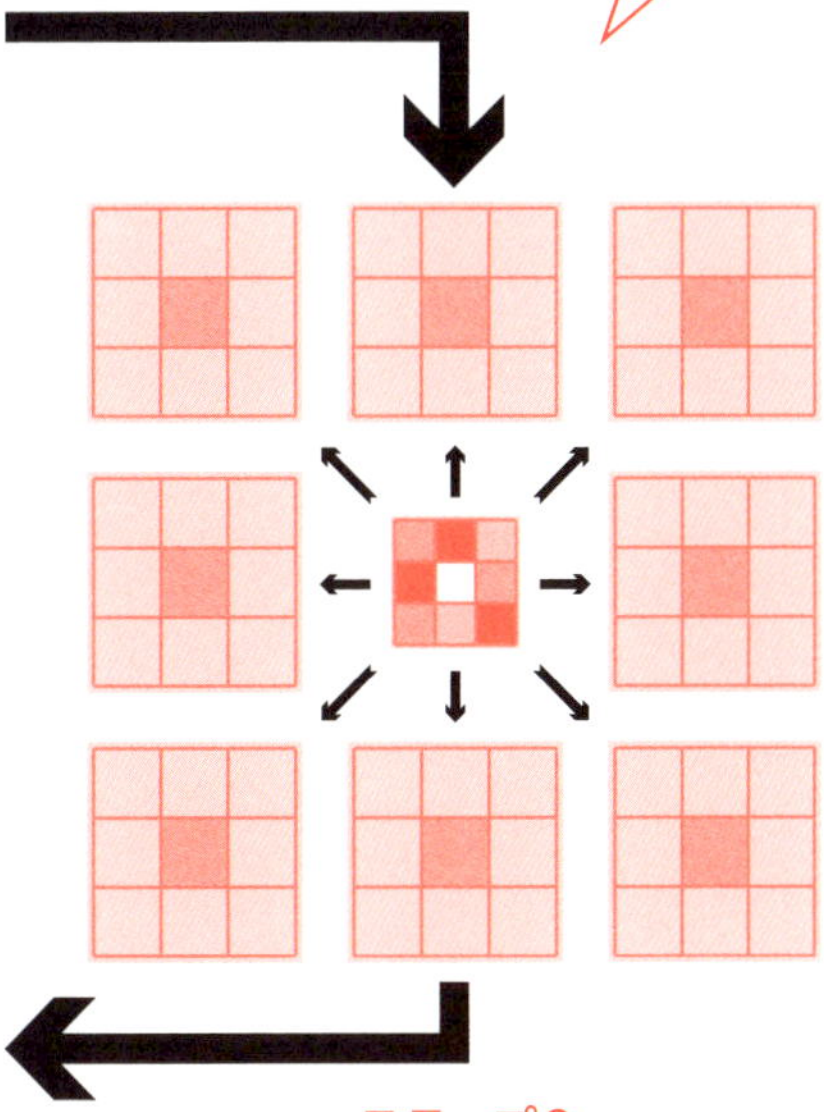

ステップ３

3. あなたの人生の本質を「9マスユイゴンシート」に凝縮させよう!〔15 分〕
余分なものをそぎ落として、本当に自分に必要なものだけを抽出する。

10 ステップ1 「棚卸しシート」に記入

本文シートで財産や権利関係の棚卸しをしたように、付言でも棚卸しを行います。

① 9マスの原理を応用してテーマを出す

ここでは、あなたの気持ちを棚卸しします。いままでのこと、これからのことをじっくりと思い浮かべてください。そして頭に浮かんできたことを、自分の気持ちのまま書き出してみましょう。

そうはいっても、付言のテーマ出しの段階で、ぴたりとペンが止まってしまう人がいます。そんなときは9マスに委ねてみてください。肩の力を抜いて静かに自分と向かい合ってみます。9マスの原理を応用したクロスワードパズルや数独では、トランスとでもいうべき不思議な集中力が喚起されます。それを活用するのです。

付言の「棚卸しシート」の手順は、基本的に本文と同じです。まず、真ん中のマスを埋めましょう。ここはいくつかのテーマから選ぶのではなく、遺言作成の主旨を入れます。「私の想い」がよいのですが、思いつかなければ日付と名前でもけっこうです。

次に、8つのマスにテーマを書いていきます。頭に思い浮かんだ内容を数字の横に順次入れます。1から8の順番で書いてもいいですし、好きな数字に入れてもかまいません。ちなみに、1から8まで時計回りにぐるりと書いていくと、あなたの人生を見回すという感じになると思います。

付言「棚卸しシート」の例

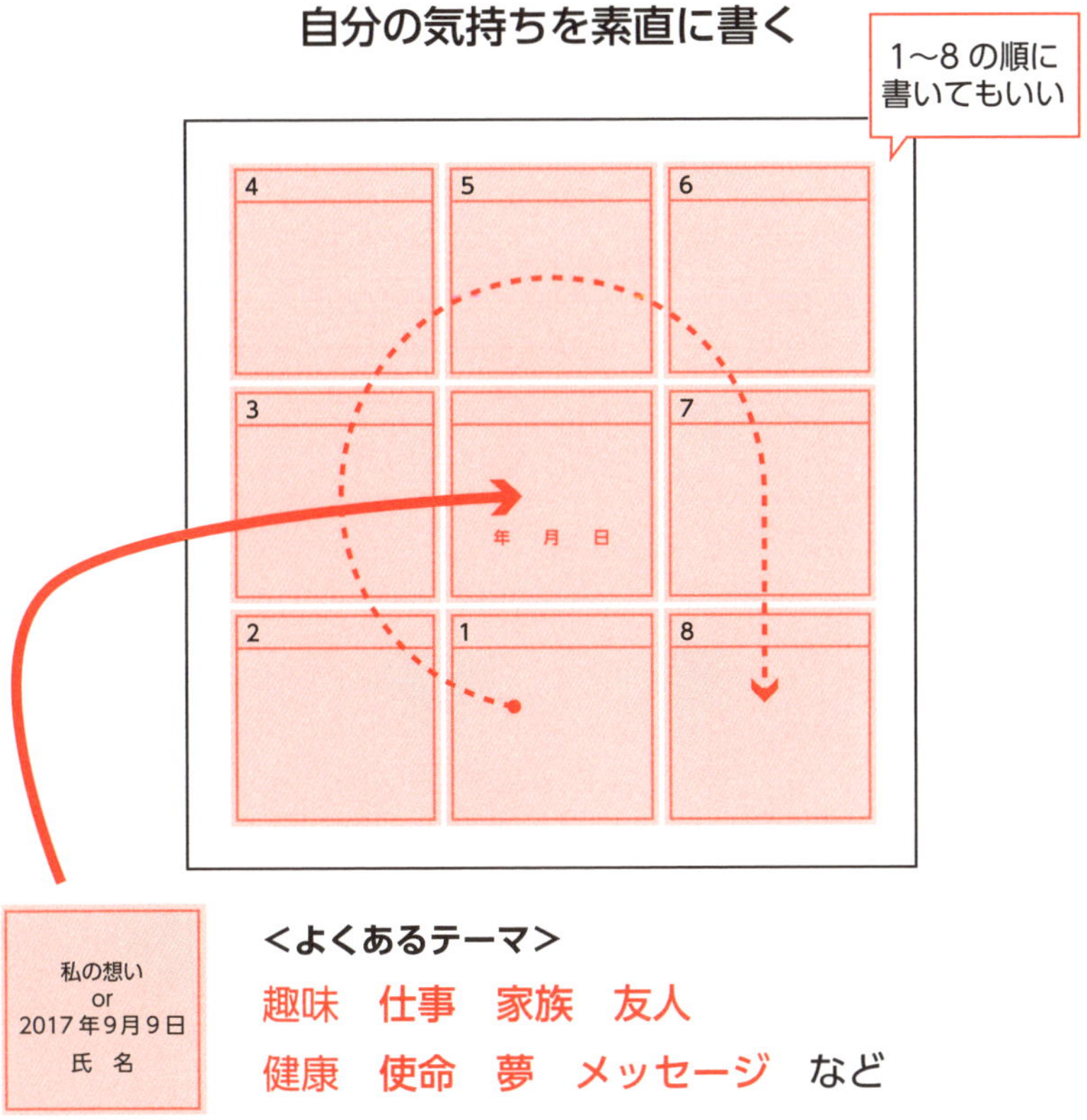

はじめに
あなたが書いた
証しを入れる

<よくあるテーマ>

趣味　仕事　家族　友人

健康　使命　夢　メッセージ　など

11 ステップ2 「深掘りシート」に展開

先ほど選択した8つのテーマをそれぞれ深掘りし、さらに各8項目を64項目に展開していきます。

① 書くことで自分の本当の姿に出合う

「深掘りシート」を使って、8テーマ×8項目＝64項目を書きましょう。もちろん、全部を埋める必要はありません。あなたのペースで、できるところを埋めていけばよいのです。

付言の「深掘りシート」のポイントは、あなた自身の想いに寄り添うことです。

次ページの展開の例では「家族」「メッセージ」「仕事」を取り上げています。これらの展開のプロセスで、さまざまな想いや過去の出来事が頭をよぎるでしょう。家族との思い出や本当の自分の姿を思い知るかもしれません。

あなたのことは、あなたの潜在意識がすべて知っています。誰に遠慮することもありません。それらの想いを余すところなくこのシートに書き出しましょう。書いているうちに、じわりと涙がにじむかもしれません。それは、まさに自分と対話していることなのです。心の中に溜まっていた澱《おり》のような感情が解放され、気持ちが浄化される状態を素直に楽しんでみてください。

その先には、あなた自身を投影した等身大の「9マスユイゴン」が待っています。

付言「深掘りシート」の例

ひとつのテーマを8つにひろげる

思い出をもとにして
書き出してみよう

軍人だった祖父から帝王教育を受けてそだった	祖母は私に対していつも優しい言葉をくれた	妻には苦労をかけたが家庭の笑いに救われた
父は寡黙で不器用だったが誠実な人であった	家族	ペットたちは健気でひたむきな忠誠心をくれた
母が子供たちにくれたのは広くて深い無償の愛	弟は手先が器用だが自己表現が下手な性格だ	妹は誰とでも仲良くできる明るい性格である

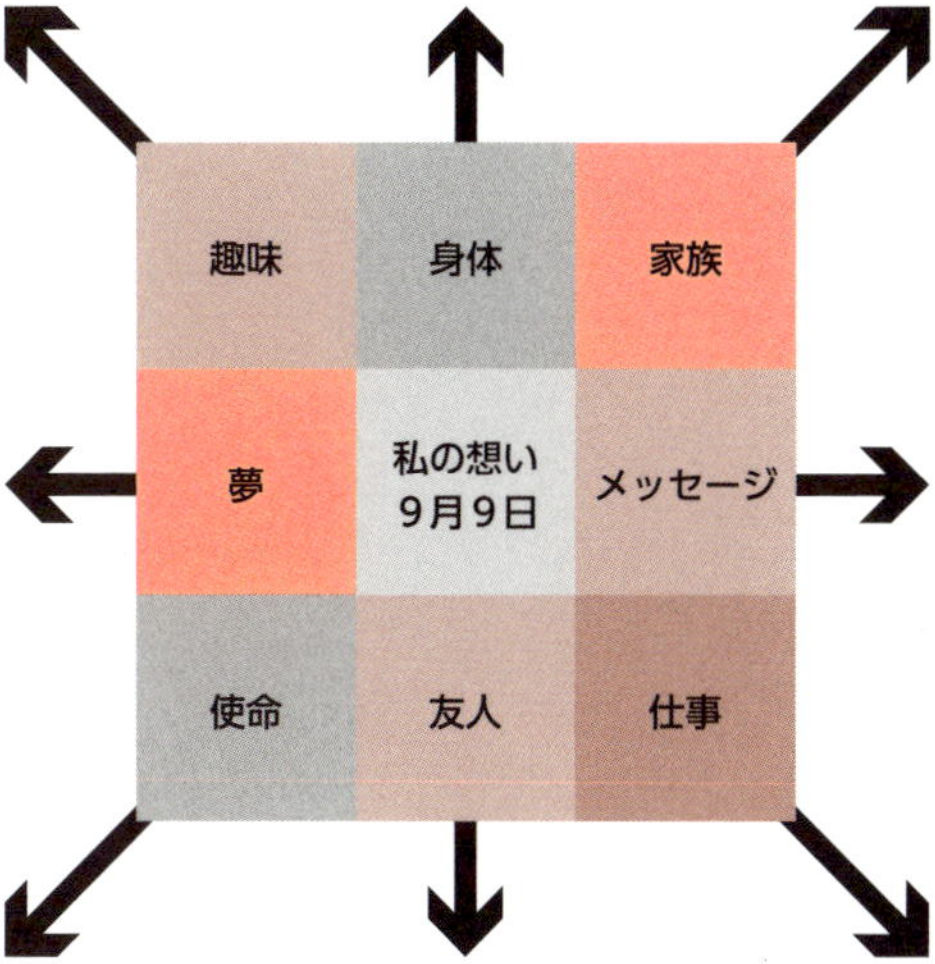

お母さん、健康な体に産んでくれてありがとう	お父さん、ずっと頑固な息子でごめんなさい	妻がつくってくれた食事は本当に美味しかった
妹家族が楽しく毎日を過ごすことを願う	メッセージ	妻と共に生活したから人間らしくなれたのだ
弟家族とは疎遠だが幸多かれと願っている	この時代の日本に生まれえたことを誇りに思う	私が築いた仕事を後世に伝えてほしいと願う

あなたの経験を
整理してみる

新卒で入社した会社では育てていただいたと思う	独りで働くことは出来ないとようやくわかった	今の仕事に出会えて毎日本当に充実している
多くの部下に対してその成長に貢献できたか	仕事	新しい仕事と向き合うからこそ成長がある
かつての上司の気持ちがありがたいと今なら感じる	仕事でお金を稼ぐということは大変だと思う	日々健康に働いて、人に感謝される幸福と充実感

12 ステップ3 「ユイゴンシート」に凝縮

次はいよいよ最終形となる「9マスユイゴンシート」の書き方を伝授します。

❶自分の想いを捨ててみる

「深掘りシート」には最大で8テーマ×8項目＝64項目が埋められていますね。8つのテーマのうち、どれでもいいので、まずひとつを選んでください。一番あなたが魅かれるテーマがいいかもしれません。

そして、そのテーマにある8つの項目の中からひとつを選び出し、あとは思い切って削ぎ落とすようにしてください。

これを「凝縮する」といいますが、直感でパッと選択してもいいですし、じっくり吟味した上で優先順位をつけて捨ててもかまいません。

選択の基準は、自分の本当の気持ちに素直に従うことです。あなた自身が納得できれば、何を選んでもいいのです。

もちろん、どうしても捨てられない項目があれば、優先順位を下げ、予備の候補として、ちょっと横に置いておきましょう。あとで気持ちが変わって、その項目が選ばれる可能性もあります。

最終的に、8つのテーマごとに、ひとつの項目を選び出します。それらの要素が、いまのあなたの心を最も反映したものなのです。ある意味、それがあなた自身といえるかもしれません。

付言「ユイゴンシート」の例

最も大切なもの以外捨てる

軍人だった祖父から帝王教育を受けてそだった	祖母は私に対していつも優しい言葉をくれた	妻には苦労をかけたが家庭の笑いに救われた
父は寡黙で不器用だったが誠実な人であった	家族	ペットたちは健気でひたむきな忠誠心をくれた
母が子供たちにくれたのは広くて深い無償の愛	弟は手先が器用だが自己表現が下手な性格だ	妹は誰とでも仲良くできる明るい性格である

お母さん、健康な体に産んでくれてありがとう	お父さん、ずっと頑固な息子でごめんなさい	妻がつくってくれた食事は本当に美味しかった
妹家族が楽しく毎日を過ごすことを願う	メッセージ	妻と共に生活したから人間らしくなれたのだ
弟家族とは疎遠だが幸多かれと願っている	この時代の日本に生まれえたことを誇りに思う	私が築いた仕事を後世に伝えてほしいと願う

家族に対して
一番強く想うことは？

新卒で入社した会社では育てていただいたと思う	独りで働くことは出来ないとようやくわかった	今の仕事に出会えて毎日本当に充実している
多くの部下に対してその成長に貢献できたか	仕事	新しい仕事と向き合うからこそ成長がある
かつての上司の気持ちがありがたいと今なら感じる	仕事でお金を稼ぐということは大変だと思う	日々健康に働いて、人に感謝される幸福と充実感

遺言書

趣味	身体	家族
		妻には苦労をかけたが家庭の笑いに救われた
夢	**私の想い**	**メッセージ**
		妻と共に生活したから人間らしくなれたのだ
使命	**友人**	**仕事**
		日々健康に働いて、人に感謝される幸福と充実感

多くの経験の中で
一番のものは何か？

この遺言を書いた証しとして、
あなたの気持ちを入れましょう

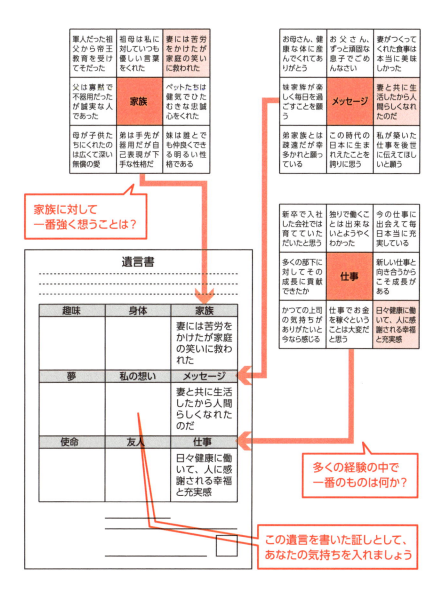

13「9マスユイゴンシート」を法的に有効な遺言にする

ここまでの作成手順はいかがだったでしょうか。時間がたつのも忘れて、かなり集中されたのではないでしょうか。「9マスユイゴン」の作成も佳境《かきょう》にきています。あとは民法上の要件を満たすだけ。完成は目の前です。

❶ 法的効力を持たせる4つの要件

「9マスユイゴン」に取り組まれたあなたは、自らの文字で書き進めてきたことでしょう。一般的な自筆証書遺言の項目で学んだように、「自分の字で書く」ことがひとつ目の要件です。残る3つの要件も見ていきましょう。

ふたつ目の要件は、「日付を書く」ことです。これも自筆で書きますが、遺言様式では特定することが大事ですので、今日が9月9日であったとしたなら、必ず年月日を明確に記載してください。決して9月吉日や9月末日とは書かないようにしてください。

3つ目の要件は、「自筆で署名する」ことです。これも必ず自筆で行うようにしてください。苗字だけとか、名前だけとかではなく、必ず氏名を記載してください。

4つ目の要件は、「捺印する」ことです。朱肉を使用した認め印でも法的効力は得られますが、もし準備できるなら、実印を押して印鑑証明書を「9マスユイゴン」に添付することで、より説得力のあるものにすることができます。

付言の注意点

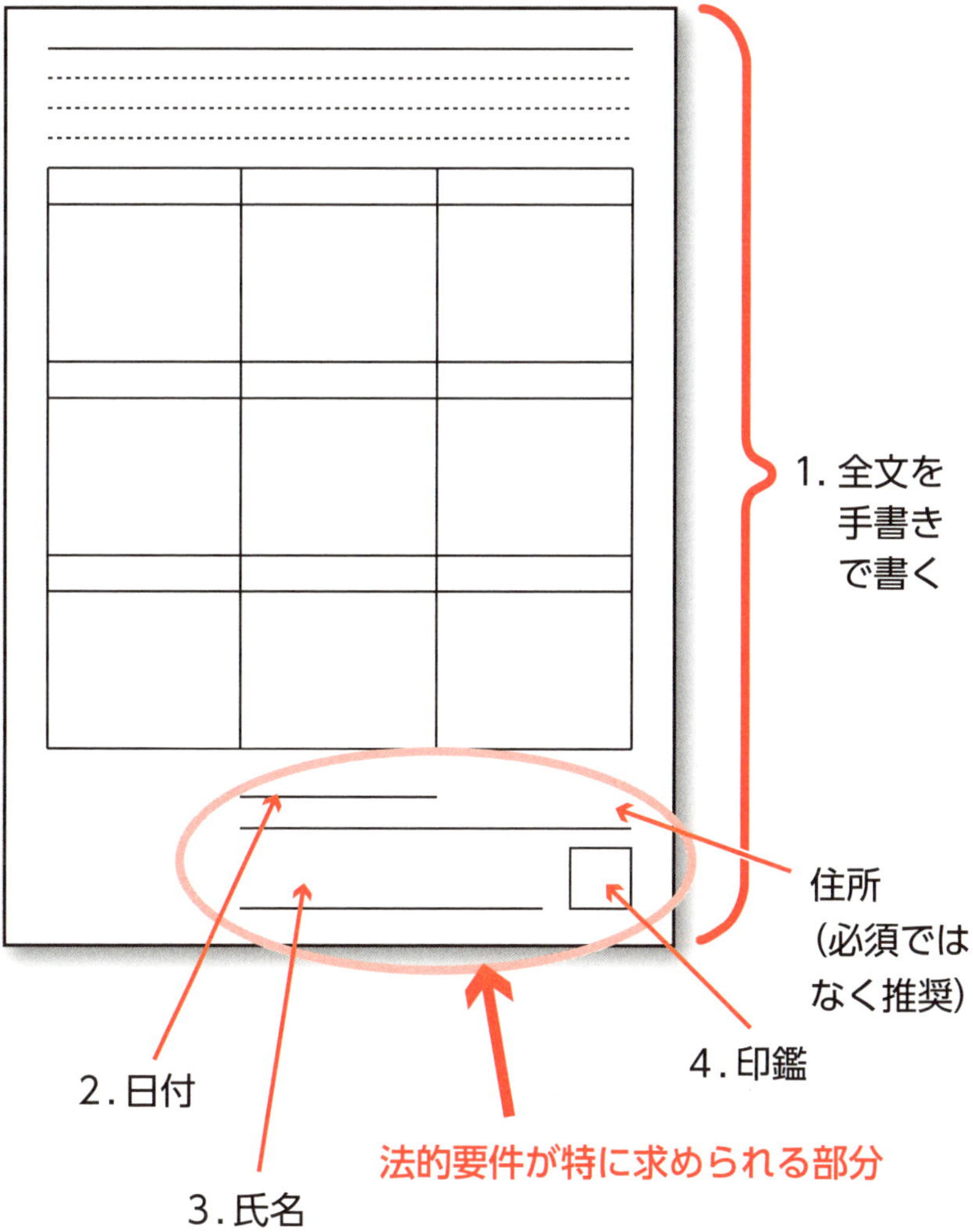

② 法律用語を使用して明確に記載する

自筆証書遺言を作成する際に、もうひとつ注意しなければならない点があります。それは文言の使い方です。

「明確な記載」であることが必要になります。遺言を書いたものの、言葉の使い方によっては法律上有効になるものもあれば、残念ながら無効になってしまうものもあります。

場合によっては、遺言全部が無効になる場合もあります。

例えば、法定相続人のあなたが、遺言では遺産の配分を多く受けながら、当該部分が無効となり、結局、遺産分割協議が行われて、法定相続分のみの相続となることもありえます。

自筆証書遺言を作成したものの、もし無効になってしまうリスクなどを回避したいときは、専門家に確認してもらうことをお勧めします。

【無効の例】		【有効の例】
○○に任せる	⇩	○○に相続させる
○○をわたす	⇩	○○に遺贈する
○○をあげる	⇩	○○に相続させる

※法定相続人に対しては「相続させる」、法定相続人以外に財産分与したい場合には「遺贈する」が一般的です。

③「9マスユイゴン」への素朴な疑問

読者のみなさんの中には「あれ、『9マスユイゴン』って自筆証書遺言の一形式だよね。だったら用紙には9マスのような図があったらダメなんじゃないの?」と思われる方もいらっしゃると思います。でも、大丈夫です。

「遺言者が自筆証書遺言中に第三者作成の図面を用いても全文自筆の方式を欠くものでないとされた事

契印の例

本文シート＋「９マスユイゴンシート」

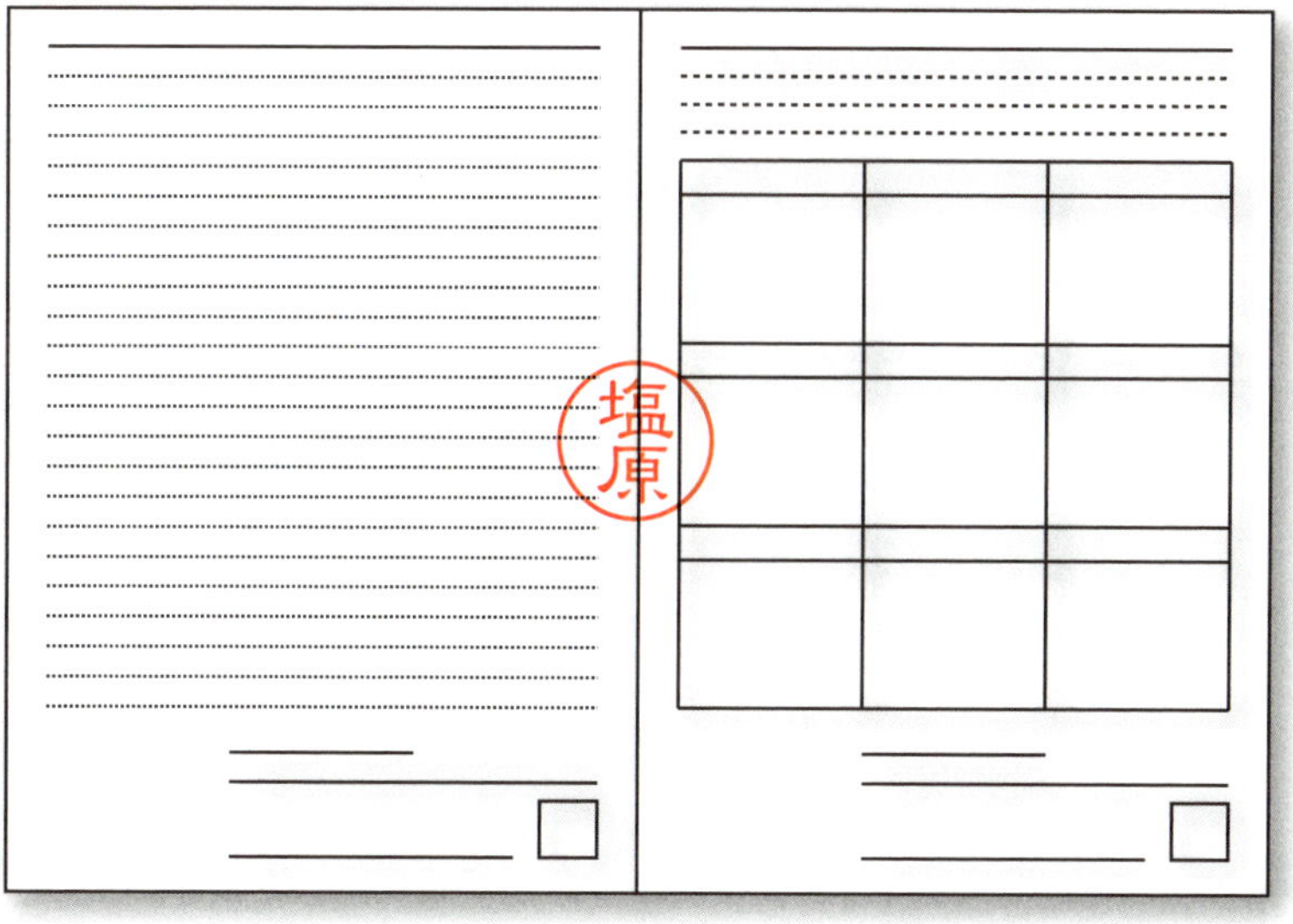

「９マスユイゴンシート」＋「９マスユイゴンシート」

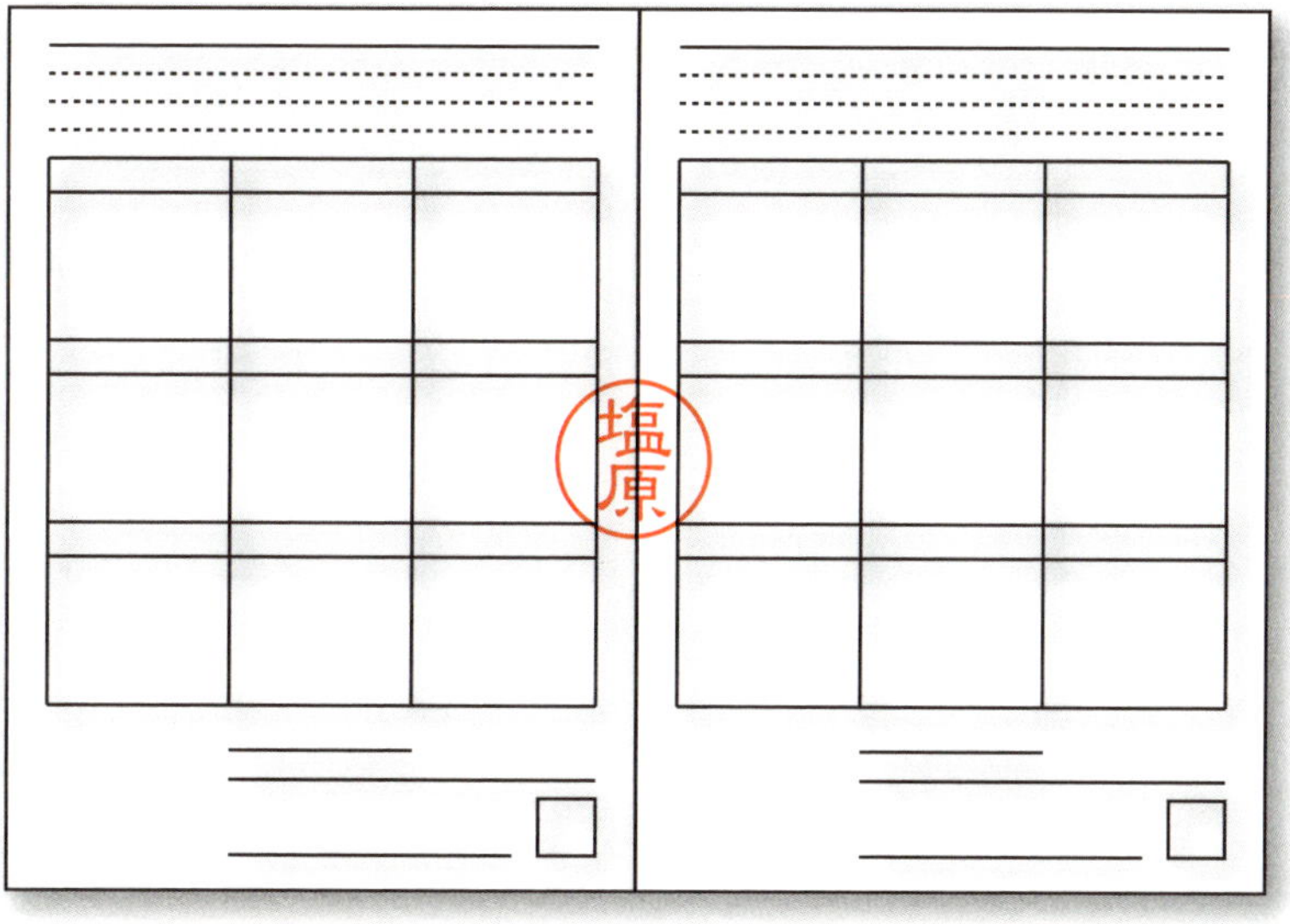

※契印は用紙の左右でも上下でもよいので、つながるように押してください。

例（札幌高決平14・4・26家月54・10・54）」があります。

裁判所の見解によると、「遺言者が自筆証書遺言に第三者作成の図面等を用いた場合であっても、図面等の上に自筆の添え書きや指示文言等を付記し、あるいは自筆書面との一体性を明らかにする方法を講じることによって、自筆性はなお保たれていると解されるときは、自筆証書遺言の方式を欠くということはできない」とあります。

これはどういうことかというと、「9マスユイゴンシート」にあらかじめ書かれている9マスは「他人作成の図面」であったとしても、この9マスを利用して作成された遺言の「自筆性」は否定されないということです。

つまり、ポイントは「一体性」であり、「9マスユイゴン」はその内容を客観的に明確にし、遺言者の真意を確保するためのものなので、付言などを9マスに書くことは自筆証書遺言形式として、法的に有効であるということなのです。

実際、多くの方々が「9マスユイゴン」を遺され、その法的効力が認められています。

❹ 用紙が2枚以上になった場合の契印の使い方

用紙が2枚以上にわたる場合、用紙と用紙のつなぎ目に印鑑を押します。これを契印《けいいん》といいます。用紙の左右でも上下でもよいので、つながるように押してください。契印を押すことで、つながった2枚もしくは複数の紙はひとつの書類と見なされます（前ページ参照）。

もちろん3枚以上になってもかまいません。使用する印は、「9マスユイゴンシート」「9マスユイゴン本文シート」に捺印するものと同じものを使うようにしてください。

第3章

遺言は自分の気持ちを伝えるツール

1 「9マスユイゴン」はいつもあなたの隣にある

ここまで読んできて、いままで他人事だと思っていた遺言が、自分事に変わりつつあるでしょうか。

遺言にはお金持ちが書く堅苦しいものというイメージがありますが、実はもっと身近なものなのです。なにせ15歳から書けて、何度でも書き直すことができるものなので、「もっと多くの日本人が気楽に自分事として遺言を書くべきではないか」と思ったのが、この「9マスユイゴン」を考案するきっかけでした。

すでに述べたように、「9マスユイゴン」は、死後に自分の財産をどうするか書き残しておくためだけのものではありません。人生の棚卸しもできるものです。自分にとって何が大切なことなのかを見つめ直し、改めて書き出すことで、自分の人生の全体像とその優先順位を再確認することができるのです。日記感覚で気軽に書け、遺言としての法的効力もあります。

❶「未来の自分への手紙」にもなる

実際に「9マスユイゴン」に取り組まれたあなたには、きっといままで見えなかった自分の人生の意味が見えてきて、明日からまた生きていく気力と活力が湧きあがってきたのではないでしょうか。

人は「死」を意識することで、本当に大切なものが見えてきます。それは日々流されていくルーティーンな自分を断ち切り、いまこの瞬間、この1分1秒に価値を見出せるようになるからです。でも、「9マスユイゴン」は死ぬために書くものではありません。明日を生きるための遺言なのです。なんとなく快適な気分で、ゆったりとした気持ちで書けるのが特徴です。

遺言は法的に「相手方なき単独行為」ともいわれます。確かに自分の意思のみで作成することができるのですが、私はもっと別の側面があると思っています。例えば、「未来の自分への手紙」という一面です。もし、まだ遺言を書いていないなら、現在のあなたから、未来のあなたへの手紙として遺言を書いてみてください。そして、あなたの大切な人に伝えるメッセージとしてお使いください。

私は「9マスユイゴン」を、あなたの人生の節目における、新たな習慣のひとつとしてご提案したいのです。例えば、高校受験が終わったとき、20歳の誕生日、就職したとき、結婚したとき、30歳の誕生日、子供が生まれたとき、課長に昇進したとき、40歳の

コラム

江戸時代に見る日本人の遺言感

徳川の世が安定期に入った享保《きょうほう》元年（1716年）、幼少の身で第7代将軍となった徳川家継があるとき病にかかり、明日をも知れぬ状態となったそうです。次の将軍候補擁立への準備を始めましたが、徳川将軍家直系には候補者がなく、はじめて御三家から将軍を擁立することになりました。

徳川家継の後見人で第6代将軍家宣正室の天英院《てんえいいん》が、尾張・紀州・水戸の3人の藩主を江戸城大奥に呼び寄せ、その中で次の将軍として紀州藩主徳川吉宗を指名しました。吉宗はそれを聞いて、「御三家筆頭は尾張殿、年齢は水戸殿のほうが上、私など将軍に相応しくありません」と答えると、天英院は「先代家宣公の御遺言であるぞ」と語気を強めて厳命し、徳川吉宗はそれに従ったそうです。

その真偽のほどはわかりませんが、遺言とは日本人にとってそれだけ重い意味を持つものであると語り継がれています。ここに見られるエピソードから、「遺言＝個人の最後の意思＝何をおいても尊重すべきもの」という風潮が生まれたのかもしれません。

誕生日、部長に昇進したとき、50歳の誕生日、孫が生まれたとき、60歳の誕生日などの記念日こそ、よい機会です。

遺言があなたの記念日と共にあるというのは、素晴らしいマイヒストリーになると思いませんか。「9マスユイゴン」で人生を振り返り、新たな自分を生きていけるのです。そんな人がひとりでも増えてくれることが私の願いです。

❷「9マスユイゴン」で深掘りすると、自分自身がわかる

「9マスユイゴン」では、その作成過程で自分と向かい合うことになります。いままで何度も遺言作成にチャレンジし、真っ白な紙に向かったものの、思うように書けなかったという人でも、すんなりと書けるようになります。

「9マスユイゴン」の特徴は、「記入→展開→凝縮」という流れで作成することです。その最大の山場は、64項目に展開した自分の人生をわずか8項目（12・5％）に絞り込み、凝縮するところにあります。56項目（87・5％）を惜しげもなく捨てるわけです。

おそらく一番大変なのは、一度書いたものを捨てる、この作業ではないでしょうか。そこで自分にとって要るもの、要らないものが明確になっていきます。そして、その過程を通じて、まさにあなたの等身大の姿を再認識することになるわけです。

❸「9マスユイゴン」を書くと、これからの人生が変わる

「9マスユイゴン」を作成することによって、もののごとの見方や捉え方が劇的に変わります。それは、自分自身に対してだけではないでしょう。自分を取り巻く環境や仕事、人間関係など、あらゆる側面に対して影響していくはずです。

ある出来事があなたを悩ませていたとして、表面しか見えていなかったその出来事の奥にある本質的

な意味が、なんとなく見えてくるようになるかもしれません。

「9マスユイゴン」がもたらす効用を知ったあなたは、きっと遺言を好きになり、あなたの生活に必要なものだと感じることでしょう。

コラム

花押は印鑑になるか？

日本には戦国時代の昔より「花押（華押）」といわれる署名の代わりに記号を記す習慣がありました。花押には、花のように美しく署名したものという意味があるようです。現代でも歴代の首相や閣僚が用いています。

しかし、これは現代の法律社会では、印鑑のように押すものでなく，あくまでサインとして扱われます。実際に印鑑の代わりに花押が使われた遺言の有効性をめぐって、平成28年6月3日、最高裁は「花押は捺印の要件を満たさず遺言は無効」と判断しています。

また、法定要件ではありませんが、個人を特定するという意味合いで、住所を書くことを推奨しています（必須ではないので、必要か否かはあなたがご判断ください）。

ご参考までに、無効になってしまう遺言についてお話しすると、自筆証書遺言の場合は、パソコンやワープロで作成されると無効になります。また、自筆証書遺言に限らず、録画されたものや録音されたものは遺言作成のバックグラウンドを証明するものにはなりえますが、そのものが遺言として認定されることは基本的にありませんので注意が必要です。これも知っているかどうかで大きな違いが出る点だと思います。

人生の節目に
遺言を書こう!
自分の人生を見直す
きっかけを与えてくれます!
そして、これからの人生を
前向きに進めるように
なるのです!

2 誰にでも自分に合った遺言がある

私の事務所には、遺言・相続・成年後見など多岐にわたる相談内容のお客さんがいらっしゃいます。お悩みの種類に軽重はありません。その問題の中には、ご本人も気がつかない深層心理の「真理」が隠されていたりします。そこにいかにして辿り着くかが私の最も重要な仕事になります。

一筋縄ではいかない難問もありますが、人と人が織り成す人間模様という悩みをいかにして笑顔へと導いていくか。それが私の使命だと思っています。どんな難問でも、情熱と時間をかけることで徐々に解決へと向かっていくのです。

では、遺言があった場合となかった場合でどう違うのか。そして、私の経験上で遺言がとくに必要な場合について、具体例をいくつか挙げてみたいと思います。

❶ 夫婦に子供がいない場合

知り合いの紹介で、あるご夫婦が事務所にいらっしゃいました。「うちには子供がいないので、これから先の人生の備えを考えたいと思っています。何かいいアドバイスをいただけませんか？　できれば妻と一緒に何か書面を残しておきたいのですが」と。ご夫婦ともに兄弟が多く、普段あまり付き合いのない甥や姪が何人かいるそうです。

私はご夫婦に遺言をお互いに書き合うことをお勧めしました。この場合、遺言は2通となります。なぜなら、いくら夫婦仲がよくてもご夫婦が同じ用紙に遺言を残すことはできないからです。今回はご夫婦の財産を守ることに主眼を置いて、公正証書遺言をお勧めしました。

お二人はようやく笑顔になり、私に原案作成と公証役場での証人、そして遺言執行者を依頼されてお帰りになりました。

その後、私はお二人の出生から現在に至るまでのお話をじっくりお聞きし、これからの人生に想いを馳せながら、遺言の原案を作成しました。遺言には財産のことばかりでなく、それぞれの人生や大切な人への想いを書くことができるのです。

「遺言を書くことは生きること」とは、私がよくいう言葉ですが、遺言は相続が発生したときの争族防止になるだけでなく、夫婦がお互いの人生の終焉をおもんばかって書くものでもあるのです。ご夫婦がお互いに遺言を書き合うのは、これからのひとつの愛の形になるかもしれないなあと感じた、心温まる出来事でした。

夫婦間に子供がおらず、夫の遺産のすべてを長年連れそった妻に相続させたいときには、必ず遺言が必要となります。別の言い方をすれば、夫婦に子供がいない場合にこそ、遺言があなたの力になってくれます。

もし遺言がなく、夫婦それぞれに兄弟姉妹が複数いたなら、もしくはその兄弟姉妹が存命でなく、甥や姪が複数いたなら、遺言がないと配偶者にすべての財産を相続させることは原則できません。例えば、相続人が妻と、夫の兄弟姉妹の場合は、妻の相続分は4分の3、残り4分の1は夫の兄弟姉妹、もしくは兄弟姉妹が存命でなければ、その甥や姪が相続することになります。

夫婦間でお互いに全財産などを相続し合う遺言を作成する場合の注意点としては、夫婦のどちらが先に亡くなるかわかりませんので、予備的遺言を行うとよいでしょう。これは、相続人が被相続人より先に亡くなってしまった場合のことを考慮した内容とするものです。兄弟姉妹、その子供である甥・姪には遺留分がないため、夫婦がお互いに遺書を書くことで、相続争いを回避することができます。

❷息子の嫁に財産を贈りたい場合

よくドラマにもなっていますが、夫の両親のどちらかが亡くなったとしても、夫の妻には相続権がありません。夫の配偶者は、夫の両親に関して法定相続人ではないからです。

もし夫に先立たれていた場合、亡夫の両親の食事の世話や介護などの面倒をどんなに長い間みていたとしても、亡夫との間に子供がいなければ、亡夫の両親の相続が発生しても、遺産はすべて亡夫の兄弟姉妹が相続することになります。

親の立場からみれば、もし息子の嫁に感謝し、今後も自分たちの生活の面倒をみてもらいたいと考えるのなら、その労をねぎらう意味でも息子の嫁のために遺言でその意思を明確に記し、しかるべき遺産を贈るのがよいと思います。

❸特定の相続人に事業等を承継させたい場合

個人事業主や会社の経営者にとって、遺言を作成することが大きな意味を持つことがあります。その方々が会社の株式の大部分を持っている場合に、特定の子供にその事業を承継させるため、遺書が必要になることがあるからです。

例えば、その子供が親の片腕となって経営にあたっている場合には、事業用財産や株式が法定相続によって分割されると、事業の継続が保てなくなりかねません。また、法定相続人の間で遺産分割をめぐって争いが起きることもあります。遺産を目の前にすると、会社の存続よりも個人の相続財産承継を優先することなどがよくあるからです。

これらの相続争いを防ぐためには、事前の対策として遺言を作成し、事業承継などに支障のないように手を打っておくことが肝要です。

④相続人がいない、おひとりさまの場合

「身寄りがいないのですが、私が死んだら財産はどうなりますか?」とよく聞かれます。相続人がいない場合は、特別な事情がない限り、遺産は国庫に帰属(返納)します。そこで、親しい人やお世話になった人に遺産をあげたいとか、社会福祉団体・菩提寺・教会や子供の貧困対策として注目を集めている「こども食堂」などに寄付したいといったときには、その旨を遺言に残しておく必要があります。

最近、おひとりさまが話題になることがよくあります。言葉が独り歩きして、前向きに人生を謳歌している女性のイメージが強いですが、性別や年齢に限らず、離婚や死別で独り身になった方も含まれます。

おひとりさまで一番心配なのは、経済的に自立できるかどうかです。夫婦のみのご家庭などでは、パートナーの経済力にもよりますが、暮らしの手立ては十分考えられます。扶養家族になることが一般のケースでしょう。ところが、まったくセーフティーネットがなくなる可能性があるのが、おひとりさまが病気になったときなのです。

現在および将来の経済的な対策も含めて、もし財産を国庫に帰属させたくないという場合は、さまざまな選択肢の中から自分が一番好ましいと思うものを選び出すように準備しておきましょう。

私の事務所で遺言を作成しようとする方には、なぜか妙齢の女性が多くいらっしゃいます。自分の人生を真剣に考えて、これからの準備をいまのうちにしておこうという方々です。

その多くは独身を通され、社会でご活躍し経済的にも自由度が高く、元気なうちに将来の不安を払拭しておきたいと考えています。とくに子供がいない場合には、誰かに自分の将来の支援をしてほしいと思い、甥や姪に資産を相続させる代わりに、あとは頼むわねと、ドライでクールに自分の老後を託され

ます。時代を切り開いてきた彼女たちの発想は、今後ますます共感を得て、時代の主流になるかもしれません。

5 家族の一員であるペットの将来を守るため

ペットのために遺言を書く人が増えているのをご存じですか。あなたの大切な家族の一員であるペット、その子が頼れるのはあなただけです。万が一のとき、きちんとペットの将来も考えて、引き取ってもらえる人を決めているでしょうか。もしくは、友人に何かあった場合に、自分がそのペットの引き取り手になってあげられるでしょうか。ちょっとした配慮が、そのペットの命を救うことにつながります。

ペット飼主老後問題も話題になっていますが、自分が他界したあと、ペットの将来を法的に守る方法を真剣に考える人が増えています。私の事務所に相談に来られる方々も、ペット遺言やペット信託などを検討されることが多くなりました。でも、すべての飼い主とペットの問題を解決しうる方法はありません。それは、飼い主とペットを取り巻く状況や諸条件が、ひとつとして同じものがないからです。そこで、ペットを取り巻く基本法律である民法について一緒に考えてみましょう。

少し難しい話になりますが、民法では「権利の主体と客体」という考え方をします。権利の主体というのは契約を結ぶ者（法人・自然人）のことで、権利の客体というのはその契約で売買や賃貸の対象となるものです。そして、この客体を目的物（有体物）、つまり「物」と呼んでいます。「物」は不動産と動産に分けることができますが、ペットの犬や猫は動産にあたります。つまり、犬や猫は契約などの目的物にはなりえるのですが、権利の主体になることはできないのです。

このような理由により、日本ではペットに財産を直接相続させることは原則できません。そこがアメリカなどと違うところです。アメリカでは被相続人の遺言により、2008年、ニューヨークでマルチーズのトラブルちゃんが約14億円(1200万ドル)を相続したり、2010年にフロリダでチワワのコンチータちゃんが約31億円(4000万ドル)の遺産をめぐって裁判に巻き込まれたりしましたが、日本ではペットは「物」であるため、このような問題は起こらないわけです。

ご高齢のご婦人から、二人で相談に行きたいとお電話をいただいたのは朝10時頃でした。その日の夕方に事務所にいらしたご婦人の腕には、小さなチワワが抱きかかえられていました。その姿を見て「あれっ?」と思ったものの、最近はペットも家族の一員なのだと合点がいった私は、お話をじっくりとお伺いしました。

「最近体調が思わしくなく、身寄りもいないので、チワワの太郎ちゃんのことだけが気掛かりなんです。私の財産のすべてを太郎ちゃんに残したいのですが、どうしたらいいでしょうか。アメリカではマルチーズが14億円相続したとニュースで聞きましたが……」

私は一呼吸置いて、残念ながら日本ではペットに直接財産を残すことができないことをご説明しました。いくらかわいがろうとも、ペットは民法上では「物」として取り扱われてしまうため、権利の主体とはならないのです。そこがアメリカの法律と違うところです。

しかし、そこは私もプロの意地があります。考えうる方法をご提示しました。ペットの世話をしてもらうことを条件に、第三者または身内などに遺産を贈る遺言の方法です。

これを負担付遺贈といいますが、ペットの将来を託せる人を見つけられるか否かがポイントです。ご本人が亡くなったあとに頼りにしていた人(受遺者)が遺贈を放棄することがあるからです。負担付遺贈をする場合には、受遺者と事前に十分話し合っておくことが大切です。

また、遺言によって、遺言執行者をご自分の相続とは利害関係のない専門家に指定しておけば、遺言の履行の請求や取消の請求をその専門家にさせることができる点もお伝えしました。

ご婦人の不安そうな顔はぱっと明るくなり、「私の友人に太郎ちゃんの世話を頼むので、遺言執行者は引き受けてくださいね」と私の手を取り、にっこりと微笑まれました。私は責任の重さを感じながらも充実感に満たされたのでした。

6 世話になった知人に全財産を譲りたい場合

遺言がとくに効力を発揮するケースとして、子供のいないご夫婦がお互いに遺言し合う例をご説明しました。もうひとつ、法定相続人に兄弟姉妹（甥姪の代襲相続を含む）しかいないときに、お世話になった知人や友人に全財産を譲りたいという例がありま す。この場合も、兄弟姉妹には遺留分がないため、係争する可能性は低くなると思われます。その事例を具体的に見てみましょう。

私のお客様に、若い頃に山形県から上京して、東京に約30年住んでいる山本さんという独身の男性の方がいらっしゃいます。すっかり東京になじまれ、いまではもう故郷に戻りたくないとおっしゃっています。独身生活を謳歌《おうか》されていた山本さんですが、初老にさしかかり、ここ数年、体調を崩されたこともあって、きっと心細くなったのでしょう。ご近所の友人に生活面でさまざまなサポートを受けているようでした。

あるとき、山本さんが私の事務所に来られて「遺言を書いておきたい」というのです。お話をお伺いすると、故郷にはお兄さんとその家族、お姉さんとその家族がいるそうですが、現在ではほとんど交流がないようです。

そして、「自分には少しばかりの預貯金と不動産があるので、これを兄と姉にではなく、お世話になった自分の友人にもらってほしい。そんなことはできるのでしょうか？　私が亡きあと、兄弟と友人が揉《も》めるようなことがないようにしたいのです」というご相談でした。

私は公正証書遺言を作成することをお勧めし、付言に自分の想いを綴るとよいでしょうとアドバイスしました。そして数日後に原案をお渡ししたところ、山本さんは大粒の涙を流され、「私がいいたかったのはこういうことなのです」とおっしゃいました。

その後、最終打ち合わせのために、山本さんとご友人が私の事務所にいらっしゃいました。ご友人は心配顔で「山本さんの気持ちは嬉しいのですが、私が山本さんの全財産を譲り受けても問題ないのでしょうか?」と聞かれました。

私は「大丈夫ですよ。そういう方は実はけっこういらっしゃいます。山本さんに奥様やお子様がいらっしゃれば遺留分がありますので、全財産の遺贈はできない場合もありますが、山本さんには兄弟姉妹しかいませんので、もし異議を申し立てられても係争になる可能性は少ないと思います。遺言作成能力に関して疑義があれば、遺言の有効性が問題になることもありますが、今回は公証人が山本さんに遺言能力があると認めていますので問題にはならないでしょう」と答えました。

それでも友人の方は、「そうですか。ほっとしました。でも、もうひとつ聞きたいのです。山本さんには悪いのですが、これから先のことはわからないので、もし山本さんの相続時点で借金だけが存在した場合、私はどうしたらいいのでしょうか? 山本さんの遺言に借金がある場合は相続しないと書き入れることはできますか?」と質問されました。

私は、「そうですね。人生何があるかわからないので、そういう場合もあるかもしれません。でも、ご心配されなくても大丈夫です。その場合は相続放棄をしてください。だから、今回作成される遺言に、負の資産(借金)があった場合のことをあえて記さなくても大丈夫ですよ」とアドバイスしました。山本さんとご友人はお互い顔を見合わせてにっこりと微笑みました。

その後、公正証書遺言は無事に作成され、山本さんは気苦労がなくなったためか、以前に増してお元気に生活されているようです。笑い話ですが、私の事務所で遺言を作成された方は、みんな以前よりも元気になるようです。

7 そのほかに遺言が必要な場合

このような事例が遺言作成の現場でよく起きるケースですが、親族間の折り合いが悪くて紛争が予測される場合や、相続人が外国に住んでいる場合、遺産を公益事業に役立てたい場合、相続権のない孫に遺産を贈りたい場合、身体に障害のある子供に他の兄弟より多くの遺産を遺したい場合などは、あらかじめ相続人間の遺産の配分方法や相続人以外に特定の人や団体に遺産を贈ることなどを自分の意思としてはっきり決めて、遺言にしたためておくことが大切です。

コラム

強く生きていくために遺言を書こう

「9マスユイゴン」の効果がわかると、遺言に対する考え方も変わってきます。

遺言は、まさにあなたが活用するために存在します。あなたの執事であり、あなたの人生のペースメーカーにもなりえますし、あなたをあなたたらしめるツールということもできるでしょう。

遺言することをお金持ちや一部の高齢者のものだと決めつけ、他人事だと思う必要はもうありません。遺言はわれわれ日本人にとって役に立つものであり、本来、身近であるべき法律行為なのです。

私も遺言のことばかり考え続け、ようやくたどり着いたのが、この「9マスユイゴン」です。

なにより法的効力があるということは、「9マスユイゴン」を書くことで、自分の意思を後世に引き継がせられる、想いをのせた言葉を残せるという利点があります。これからも力強く生きていくために、遺言を活用しましょう。

3 子供のいないご夫婦終活の例
「9マスユイゴン」を公正証書遺言にする

第2章の冒頭でも述べましたが、「9マスユイゴン」をもとにして公正証書遺言を作成される人がけっこういます。ここではそんなケースを取り上げてみましょう。

❶ 「9マスユイゴン」をもとに公正証書遺言を作成する

私の事務所に、お子さんのいらっしゃらない高齢のご夫婦が相談に来られました。とても仲のよいご夫婦で、お互いを気遣っている微笑ましいおふたりでした。ご年齢は80代後半、そろそろ終活を始めたいとのご相談です。

私は迷わず遺言作成をお勧めしました。夫婦それぞれがお互いに遺言を書き合うのです。「私に何かあった場合には、すべてを配偶者に託す」と。実は、遺言を作成して一番効力があるのはこのケースなのです。そして念のために「遺言者は、遺言者の死亡以前に配偶者Aが死亡したときは、遺言者の有する一切の財産をB（甥・姪・その他相続させたい人）に相続させる（遺贈する）」と予備的遺言形式にするのがよいとお勧めしました。

とくに、ご夫婦それぞれに兄弟姉妹がいる場合、もし突然、天に召されてしまったら、残された伴侶は心情的なダメージを受けるだけでなく、経済的なダメージも受ける可能性があります。相続が発生して、日頃は付き合いのなかった配偶者の兄弟姉妹に法定相続分が発生し、遺産争いに発展してしまうケースです。

お互いの両親は年齢的にも他界していると仮定すると、夫が亡くなった場合、法定相続人は配偶者の妻と、夫の兄弟姉妹となります。法定相続割合は妻が4分の3、夫の兄弟姉妹の合計が4分の1です。妻が亡くなった場合は、法定相続人は配偶者の夫と妻の兄弟姉妹となります。相続割合は夫が4分の3、妻の兄弟姉妹の合計が4分の1です。もし財産の大半がいま住んでいる不動産であったなら、最悪の場合は、家を売却して遺産分割しなければならなくなるのです。

今回の場合、ご夫婦がそれぞれ「9マスユイゴン」を作成し、遺言内容を吟味した上で即効性のある公正証書遺言にすることをお望みになりました。

さて、「9マスユイゴン」を公正証書遺言にするとき、どのような昇華を遂げるのか、その内容を見ていきましょう。

コラム

遺言にも不易流行がある

かのお釈迦様も遺言を書いたそうです。それは釈迦一代の結びの経である「仏説《ぶっせつ》阿弥陀《あみだ》経《きょう》」ともいわれています。

お釈迦様も含めて、人間とは、自らの想いや人生におけるさまざまな経験、そして感謝の気持ちを誰かに伝えたい生き物なのでしょう。

このように太古より存在した遺言ですが、昨今では、政府が有効な遺言による相続を条件に、一定額を相続税の基礎控除額に上乗せして控除できる「遺言控除」の新設を検討しています。実際に導入されるのは、平成30年頃の予定です。

わかりやすくいえば、遺言を書いた人の相続が発生した場合、一定の相続税が控除されるというものです。

また、そのほかにも日本財団が、人生の最期に際して大切な人と話し合うきっかけをつくろうと、1月5日を「遺言《いごん》の日」に制定したりするなど、遺言をめぐる動きが活発となりつつあります。

遺言にも不易流行があるということですね。

「9マスユイゴン」→公正証書遺言へのステップ

① 「9マスユイゴン」を作成する

↓

② 根拠資料となる公的書類などを収集する

（戸籍、住民票、印鑑証明書〈発効から3カ月以内のもの〉、
不動産登記簿謄本、残高証明書など）

↓ もし自分ひとりで不安なら

③ 士業（弁護士、司法書士、行政書士など）に相談する

（本文の内容整理と付言の文章化、
公的書類の収集を行ってもらう）

↓

④ 公証役場に相談する

その際のポイント……

- 本文を根拠資料とともに提示すると、法的効力のある文章にしてもらえます
- 付言を提示し、その目的とあなたの想いを伝えましょう

↓

⑤ 「法的手続きに従って、公正証書遺言が作成される

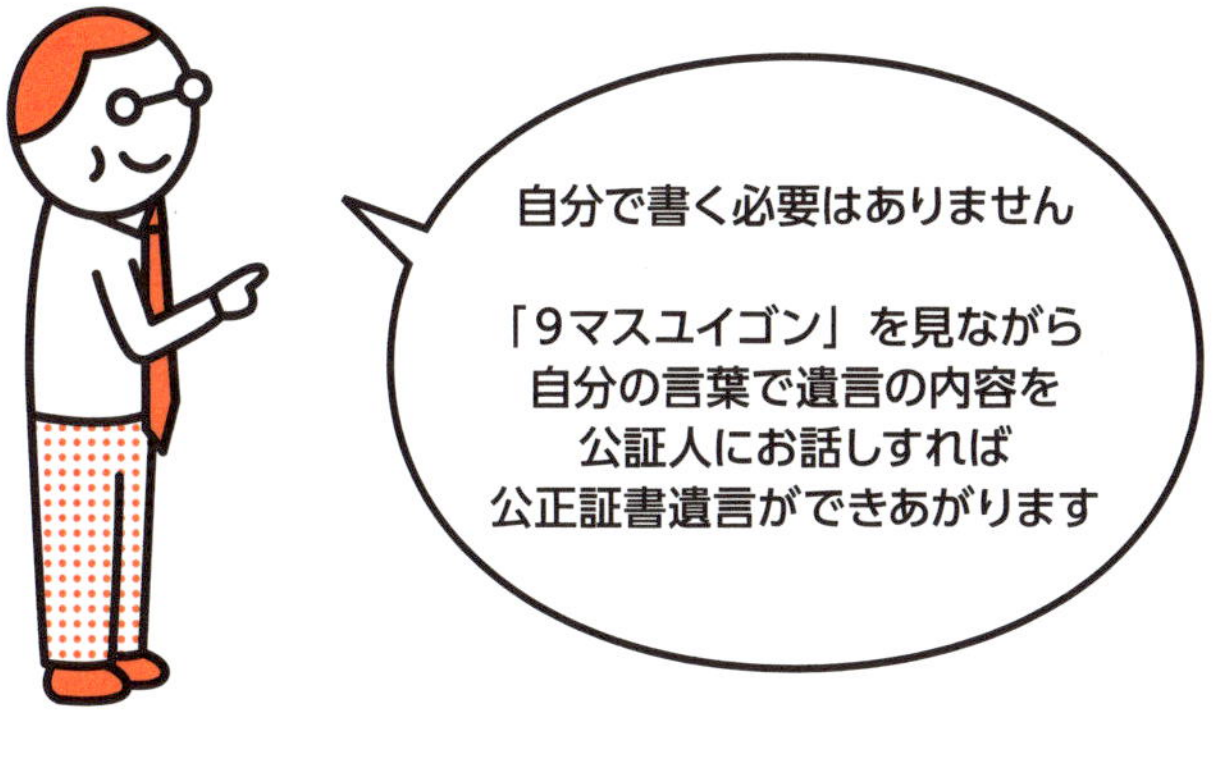

自分で書く必要はありません
「9マスユイゴン」を見ながら
自分の言葉で遺言の内容を
公証人にお話しすれば
公正証書遺言ができあがります

ご主人の「9マスユイゴン」

遺言書

第1条　遺言者は、次の財産を含め、遺言者がその死亡時に所有する全ての財産を遺言者の妻 小林光子（大正10年10月19日生）に相続させる。

（1）土　地　　所在　　東京都大田区大森本町[redacted]、地番　[redacted]
　　　　　　　地目　　宅地、地積　142．04㎡

（2）建　物　　所在　　東京都大田区大森本町[redacted]、地番　[redacted]
　　　　　　　構造　　木造瓦葺2階建
　　　　　　　床面積　1階51．97㎡、2階　36．72㎡

（3）金融資産　①三菱東京UFJ銀行　大森山支店　店番200
　　　　　　　　定期 番号[redacted]、普通 番号[redacted]
　　　　　　　②三井住友銀行　大森山支店　店番100
　　　　　　　普通預金　番号[redacted]
　　　　　　　③ゆうちょ銀行　普通 記号10000、番号[redacted]

2　遺言者は、上記小林光子が遺言者の死亡以前に死亡したときは前項の財産（ただし遺言者の支払うべき未払い債務、葬儀・埋葬費用及び遺言執行費用を控除した残余とする。）の内不動産を上記遺言者の弟 小林次郎（昭和元年3月3日生）それ以外の預貯金を甥 小林信太郎（昭和40年4月4日生）に遺贈する。ただし、弟及び甥が上記相続人の地位を取得していた時は「遺贈する」を「相続させる」に読み替える。なお前項の財産には、その他遺言者が上記小林光子から相続により取得する財産を含むものとする。

第2条　遺言者は、本遺言の執行者として、行政書士 塩原匡浩を指定する。

私の想いは付言として、別紙9マスユイゴンシートに契印を捺印して当該9マスユイゴン本文シートと一連のものとして記載する。

平成29年9月9日
東京都大田区大森本町[redacted]

小林 晴雄

遺言書

私は自分の人生を振り返り、その想いを述べます。

感謝の言葉	妻へ	仕事
皆様、私の人生を支えていただき誠にありがとうございました。	苦しいときも楽しいときも献身的に健気に支えてくれありがとう。	日本経済の基礎構築に携われたことを誇りに思っています。
生まれ故郷	**私の想い**	**これから**
会津という幕末から現代にかけて、とても意味のある地です。	厳しい戦争や高度成長時代を生き抜いてきた自負と感謝の気持ちがある。	自分の想いを残す機会に恵まれ本当に嬉しく思っています。
私の願い	**葬儀**	**信念**
光子の生活が健やかで不自由なく長く続くことを願っている。	妻光子の負担を軽くするためにも簡素に執り行ってください。	日本男子たるもの日本酒を枕に討ち死にするも厭わずと思う。

平成29年9月9日
東京都大田区大森本町[redacted]

小林 晴雄

奥様の「9マスユイゴン」

遺言書

第1条　遺言者は、次の財産を含め、遺言者がその死亡時に所有する全ての財産を遺言者の夫 小林晴雄(大正9年4月13日生)に相続させる。

1金融資産　　①三菱東京 UFJ 銀行　大森山支店　店番200
　　　　　　　　普通預金　　番号 [redacted]
　　　　　　②三井住友銀行　大森山支店　店番100
　　　　　　　　普通預金　　番号 [redacted]

2　遺言者は、上記小林晴雄が遺言者の死亡以前に死亡したときは、前項の財産(ただし、遺言者の支払うべき未払い債務、葬儀・埋葬費用及び遺言執行費用を控除した残余とする。)の内不動産を上記遺言者の弟 小林次郎(昭和元年3月3日生)、それ以外の預貯金を甥 小林信太郎(昭和40年4月4日生)に遺贈する。ただし、弟及び甥が上記相続人の地位を取得していた時は「遺贈する」を「相続させる」に読み替える。

　なお、前項の財産には、その他遺言者が上記小林晴雄から相続により取得する財産を含むものとする。

代2条　遺言者は、本遺言の執行者として、行政書士 塩原匡浩を指定する。

私の想いは付言として、別紙9マスユイゴンシートに契印を捺印して当該9マスユイゴン本文シートと一連のものとして記載する。

平成29年9月9日
東京都大田区大森本町 [redacted]

小林 光子　（印：小林）

（契印：小林）

遺言書

私は自分の人生を振り返り、その想いを述べます。

感謝の言葉	家族	これまで
ああ、今日も生きられる。戦争を体験した私には本当にありがたく感じる毎日です。	多くの兄弟姉妹に恵まれた。とくに姉の優子とは仲が良かった。	夫小林晴夫と出逢い、ずっと二人で苦楽を乗り越え歩んできた。
街への想い	**私の想い**	**これから**
幼少よりずっと東京で育ち、この街の変遷を見てきました。	長いようであり短いようでもある。人間に生まれてきたことを楽しみ全うしたい。	健康に活動できる時間を少しでも長く保つために努力します。
私の願い	**葬儀**	**趣味**
もし私が晴雄より早く逝くことがあったら、天国からそっと見守りたい。	本当の近親者だけでいいんです。ただ、晴雄と同じお墓に入りたい。	茶道の世界に長く身を置き精進したことが私の軸をつくってくれた。

平成29年9月9日
東京都大田区大森本町 [redacted]

小林 光子　（印：小林）

贈する」を「相続させる」に読み替える。

なお、前項の財産には、その他遺言者が小林光子から相続により取得する財産を含むものとする。

第2条　遺言者は、本遺言の執行者として、上記 行政書士 塩原匡浩を指定する。上記塩原匡浩が遺言者の死亡以前に死亡した時は、小林光子を指定する。なお、遺言執行者は、法定相続人の同意を要することなく、預貯金等の名義変更・払戻し・解約、貸金庫の開披・解約等本遺言の執行に必要な一切の権限を有するものとする。

付　言

私は、自らの人生を振り返り，ご縁をいただいた方々に深く感謝するとともに，この場を借りて心より御礼を申し上げます。

今この遺言を作成するに当って、自らの歩んできた金融業界での経験を振り返り、日本経済の基礎構築に携われた事に誇りを感じています。私は会津の出身です。日本の歴史上、特に幕末から現代にかけて、とても意味のある地に生を受けました。その中でも昨今の東日本大震災はとても心を痛める経験でした。ほんとうに様々な出来事を乗り越えてきましたが、人生って難しいなと実感しています。しかし、そんな私の人生の中でも、妻である光子と出逢い、苦しい時も楽しい時も私のことを献身的にそして健気に支えてもらい、私はとても幸せでした。妻光子と共に生きてきた人生を私はとても感謝しています。どうもありがとう。

私は妻光子が健やかで不自由なく少しでも長生きしてほしいと願っております。塩原匡浩さんには、どうか妻光子の生活を支援してくださるようお願いいたします。私の葬儀は、出来るだけ簡素に執り行ってください。もし、妻光子が先に逝っていたときは、塩原匡浩さんが葬儀万端を取り仕切り、埋葬、当面のお墓の管理等よろしくお願いいたします。

今までご縁を頂いた皆さま、私の人生を支えていただき誠にありがとうございました。皆様に出逢えたことに感謝し、この場を借りて御礼申し上げます。

以　上

この証書は、平成 29 年 9 月 9 日　本職役場において、民法第 969 条第 1 号ないし第 4 号の方式に従って作成し、同条第 5 号に基き、本職署名捺印する。

ご主人の公正証書遺言

平成29年　第１２３４５号

遺言公正証書

本職は、遺言者小林晴雄の嘱託により、証人塩原匡浩、証人山田勤一の立会いのもとに、遺言者の口述を筆記し、この証書を作成する。

第１条　遺言者は、次の財産を含め、遺言者がその死亡時に所有する全ての財産を遺言者の妻 小林光子（大正元年１０月１０日生）に相続させる。

（１）　土　地
　所　在　東京都大田区大森本町[redacted]
　地　番　[redacted]
　地　目　宅地
　地　積　１４２．０４㎡

（２）　建　物
　所　在　東京都大田区大森本町[redacted]
　地　番　[redacted]
　構　造　木造瓦葺２階建
　床面積　１階　５１．９７㎡
　　　　　２階　３６．７２㎡

（３）金融資産
　①三菱東京ＵＦＪ銀行　大森山支店　店番２００
　　定期預金　番号[redacted]
　　普通預金　番号[redacted]
　②三井住友銀行　大森山支店　店番１００
　　普通預金　番号[redacted]
　③ゆうちょ銀行
　　普通貯金　記号１００００　番号[redacted]

２　遺言者は、上記小林光子が遺言者の死亡以前に死亡したときは、前項の財産（ただし、遺言者の支払うべき未払い債務、葬儀・埋葬費用及び遺言執行費用を控除した残余とする。）の内不動産を上記遺言者の弟 小林次郎（昭和元年３月３日生)、それ以外の預貯金を甥 小林信太郎（昭和４０年４月４日）に遺贈する。ただし、弟及び甥が上記相続人の地位を取得していた時は「遺私の歩んできた道は、決して平坦ではありませんでした。つらく厳しい戦争経験や日本の高度成長の時代などを生き抜いてきました。その中でも特に夫である小林晴雄と出逢い、ずっと二人で苦楽を乗り越え歩んできました。私の人生は幸せでした。今、こうして自分の想いを残す機会に恵まれ、本当に嬉しく思っています。唯一の心残りは夫晴雄のことです。私は、夫晴雄の生活が健やかで不自由なく、少しでも長く続くことを願っております。私が先に逝くようなことがあるかも知れません。そのときは塩原匡浩さん、どうか夫晴雄の生活を支援して下さい。よろしくお願いいたします。

私の葬儀は夫晴雄の負担を軽くするためにも、出来るだけ簡素に執り行って下さい。もし、夫晴雄が先に逝っていたときは、塩原匡浩さんが葬儀万端を取り仕切り、埋葬、当面のお墓の管理等よろしくお願いいたします。今までご縁を頂いた皆さま、私の人生を支えていただき誠にありがとうございました。皆様に出逢えたことに感謝し、この場を借りて御礼申し上げます。

以　上

この証書は、平成 29 年 9 月 9 日　本職役場において、民法第 969 条第 1 号ないし第 4 号の方式に従って作成し、同条第 5 号に基き、本職署名捺印する。

奥様の公正証書遺言

平成29年第　１２３４６号

遺言公正証書

本職は、遺言者小林光子の嘱託により、証人塩原匡浩、証人山田勤一立会いのもとに、遺言者の口述を筆記し、この証書を作成する。

第１条　遺言者は、次の財産を含め、遺言者がその死亡時に所有する一切の財産を遺言者の夫小林晴雄（大正９年４月１３日生）に相続させる。

（金融資産）三菱東京 UFJ 銀行　大森山支店　店番２００
普通預金　　番号[redacted]
三井住友銀行　大森山支店　店番１００
普通預金　　番号[redacted]

２　遺言者は、上記小林晴雄が遺言者の死亡以前に死亡したときは、前項の財産（ただし、遺言者の支払うべき未払い債務、葬儀・埋葬費用及び遺言執行費用を控除した残余とする。）の内不動産を上記遺言者の弟 小林次郎（昭和元年３月３日生）、それ以外の預貯金を甥 小林信太郎（昭和４０年４月４日生）に遺贈する。ただし、弟及び甥が上記相続人の地位を取得していた時は「遺贈する」を「相続させる」に読み替える。

なお、前項の財産には、その他遺言者が上記小林晴雄から相続により取得する財産を含むものとする。

第２条　遺言者は、本遺言の執行者として、行政書士 塩原匡浩を指定する。上記塩原匡浩が遺言者の死亡以前に死亡した時は、上記小林晴雄を指定する。なお、遺言執行者は、法定相続人の同意を要することなく、預貯金等の名義変更・払戻し・解約、貸金庫の開披・解約等本遺言の執行に必要な一切の権限を有するものとする。

付　言

私は、自らの人生を振り返り，ご縁をいただいた方々に深く感謝するとともに，この場を借りて心より御礼を申し上げます。

私は多くの兄弟姉妹に恵まれ、幼少よりずっと東京で育ちました。特に姉の優子とは仲がよく、優子の最後を看取れたことに安堵しています。また、茶道の世界に長く身を置き、精進してきたことが、いまでも私の生活の軸をつくってくれていることを感謝しています。

4 知っておくと便利な遺言関連知識

ここでは、知っておくと便利な遺言関連の知識を簡単にご説明します。

1 尊厳死宣言公正証書とは

尊厳死宣言公正証書とは、自分の意思で尊厳死を望むことを表明した公正証書のことです。

自分が将来病気になった場合に家族などに多大な負担を強いることを避けるため、延命治療を行うことなく自然な死を迎えることを望む人が増えています。そうした目的で、「尊厳死宣言公正証書」が作成されるようになりました。

「尊厳死」とは、一般的に「回復の見込みのない末期状態の患者に対して、生命維持治療を差し控え、または中止し、人間としての尊厳を保たせつつ、死を迎えさせること」と解されています。

具体的な文例のポイントを見てみましょう。

「私の疾病等が、現在の医学では不治の状況に陥り、すでに死期が迫っている旨、担当医を含む2名以上の医師により診断された場合は、私の死期を延ばすためだけの延命措置は一切行わないでください」

これは一部ですが、このような内容を公正証書として作成し、信頼できる人に託しておきます。

2 自分の身体を「献体」したい場合

私の事務所で尊厳死宣言公正証書をつくられるとき、「献体」についての記載を望まれることが増えています。献体とは、死後、自分の身体を医学教育のために解剖体として提供することです。

その場合には、一般的な例として、「私は、医学・歯学の大学における解剖学の教育・研究に役立たせるため、自分の遺体を無条件・無報酬で提供することを希望します」などと記載します。

❸なぜ尊厳死が認められるのか

尊厳死宣言公正証書は、事実実験の一種といわれています。公証人は、五感の作用により直接体験（事実実験）した事実に基づいて公正証書を作成することができるので、このことを「事実実験公正証書」と呼びます。事実実験公正証書には、証拠を保全する機能があります。

近代医学では、患者が生きている限り最後まで治療を施すという考えに従って、治療が続けられます。しかし、延命治療技術の進歩により、患者が植物状態になっても長生きする実例などが増えてきて、単に延命を目的とする治療が患者の利益になっているのか、むしろ患者を苦しめ尊厳を害しているのではないかという問題認識から、患者本人の意思（患者の自己決定権）を尊重するという考えが重視されるようになりました。

「尊厳死」は、現代の延命治療技術がもたらした過剰な治療を差し控え、または中止し、単なる死期の引き延ばしを止めることであるため、許されると考えられるようになりました。「尊厳死宣言公正証書」とは、本人が自らの考えで尊厳死を望む、すなわち延命措置を差し控え、中止する旨の宣言をし、公証人がこれを聴取する事実実験をして、その結果を公正証書にするものなのです。

しかし、尊厳死に関する法律は、現在は存在しません。これは医師によっては尊厳死を認めない場合があるということです。延命措置を中止したいという自己決定権は、幸福追求権（憲法13条）に含まれると考えられていますが、その点は注意が必要です。

4 以前書いた遺言が気になる場合の対処法

この本を読まれている方の中には、すでに遺言を作成した人もいらっしゃると思います。しかし、遺言を作成してから時間がたってしまうと、取り巻く環境が変わったり、自分の考えが変わったりして、遺言をつくり直す必要に迫られることがあるかもしれません。もしくは遺言を作成していたことをうっかり忘れて、以前の遺言が出てきて慌てたなんていうこともあるでしょう。

自分の亡きあと、親族が争わないように新しい遺言を作成したとしても、以前作成した遺言が原因で、万が一にも相続争いになることは避けたいはずです。その場合の対処法を伝授いたします。

原則として、遺言は一番新しい日付のものが有効となるので、新しく作成する遺言で、以前の遺言を否定すればよいのです。「本遺言より前に作成した遺言者の遺言を全部撤回し、改めて本遺言により次のとおり遺言する」という一文を入れておくと、安心できると思います。

5 外国語で書かれた自筆証書遺言の有効性は？

２０２０年に東京オリンピック開催が予定され、国際化の波がますます加速しています。日本人であっても外国語に堪能な方は大勢いらっしゃいますが、外国語で書かれている遺言を遺族が見つけた場合、その有効性はどうなるのでしょうか？　故人がせっかく遺してくれた遺言ですが、ひょっとして無効になってしまうのでしょうか？

いえいえ、ご安心ください。その遺言は有効です。遺言に用いる言語について、法律上は何も制限がないのです。ただし、自筆証書遺言の要件である全文と日付を自筆で書いて、署名と捺印がなされていることが前提です。

5 相続を争族にしないために

人生は、うまくいくときばかりではありません。長い人生を歩む過程では、嵐に巻き込まれて生きた心地もしないときがあるかもしれません。例えばそれは、相続が発生して遺産争族になったときです。遺言を作成することは、相続と切っても切り離せない関係にあることも知っておいてください。その意味で、相続に関するお話をさせていただこうと思います。

① 関係者が大勢いるときは調整が大変

ある日の夕方、私の携帯電話に初老の男性から連絡がありました。

「身内が亡くなって葬儀はしたのだけど、この後、どうしていいのかわからなくて。力を貸してくれませんか?」

私はじっくりと電話で話をお伺いし、事務所においしいただく日を決めました。関係者が多く、急いだほうがよいと判断したからです。初老の紳士は奥様を伴って事務所にいらっしゃいました。

「相続の手続きがわからないのです。税金のこともちょっと疎《うと》くて……」

亡くなったのは奥様のご兄弟でしたが、その方には配偶者もお子様もいらっしゃいませんでした。遺言は残されていません。私はそれからじっくり3時間かけて質問にお答えし、相続手続きの流れをご説明しました。お二人は当事務所に相続手続きを依頼され、少しホッとされたご様子で帰って行かれました。

それから、相続手続きを遂行する葛藤の日々が始まりました。それは調査の結果、法定相続人が10人もいたからです。私は生存されているすべての方にお会いし、亡くなっている法定相続人の代襲相続人にも会いに行きました。その後、全員が納得するように「遺産分割協議書」にまとめあげ、すべての法定相続人を合意へと導くことができました。

相続手続きをする過程では、相続割合などで合意できず、ほんの些細な感情のもつれで争族となることもありえます。そうなると、いままで積み上げてきた人間関係が破綻してしまうかもしれません。子供のころから仲よくしていた兄弟が、相続を境に一切交流を断ってしまうこともあるのです。

今回のご相談は、結局、すべての業務が終了するまでに1年もの時間を要しました。大変でしたが、初老の紳士からの「あなたに頼んで本当によかった」という言葉が、私の宝物となりました。

② 最もトラブルが多いのは3000万円程度の資産

相続とは、お亡くなりになった方の人生と財産を総括することです。相続される人を被相続人、相続する人を法定相続人と呼びます。

具体的には、法定相続人の確定、財産総額の確定、遺産分割の方向性の決定などの一連の流れを経て、相続手続きが行われます。

相続は、突然どなたにでも起こりえます。しかし、ほとんどの人がはじめての経験です。「銀行口座が凍結されてしまった」「役所や金融機関、株券、生命保険、不動産、相続税など、手続きがたくさんありすぎて、何から手をつけたらいいのかわからない」と、当事者となったあなたには感じられるかもしれません。

ご参考までにお伝えしますが、相続で一番揉めるのは3000万円ほどの遺産がある場合といわれています。

遺産分割事件で扱う財産額別件数（平成 27 年）

財産額	件数	件数（累計）	割合	割合（累計）
1000万円未満	2,611	6,176	32.1%	75.9%
1000万円以上5000万円未満	3,565		43.8%	
5000万円以上1億円未満	1,039	1,965	12.8%	24.1%
1億円以上5億円未満	594		7.3%	
5億円以上	34		0.4%	
算定不能・不詳	298		3.7%	
合計	8,141	8,141	100.0%	100%

（資料）裁判所司法統計資料

「相続争いは一部のお金持ちの話」ではありません。私が相続手続きに関わった経験からすると、相続で揉めやすいのは、遺産総額で２０００万〜３０００万円程度が多く、決して一部の資産家に限った話ではないのです。

遺産相続のトラブルは誰の身にも起こりうるのです。どんなに仲のよい親兄弟でも、いざ相続となると、突然、人格が変わって驚くこともありえます。「うちは家族が仲よしだし、なによりお金がないから大丈夫」と普段からいっていても、ある日突然、想定外の相続争いに巻き込まれてしまうのです。

こうした話を裏付けるデータがあります。最高裁判所事務総局家庭局の「遺産分割事件で扱う財産額（平成27年）の内訳について」という資料です。

この統計は、1年間に裁判所に持ち込まれた相続争いについて、いったいいくらぐらいの価格帯の遺産で争われたのかをまとめたものです。財産額の内訳は上の表の通りです。

この資料を見ると、家庭裁判所に持ち込まれた遺産分割事件の約76％、４分の３以上は、５０００万円未満で起きています。テレビで見るサスペンスドラマの相続争いは大金持ちのイメージがあり、自分には関係ないと思っていたのは私だけでしょうか。

事実は小説より奇なり、現実はもっと切実なのです。そうかといって、資産家の相続であれば遺産相続争いは起きないのかといえば、実際はそうでもないようです。

資料によると、５０００万円以上１億円未満の層では12・８％、１億円以上５億円未満の層では７・３％、５億円以上では０・４％が相続争いになっています。これらに算定不能・不詳３・７％を含めると、５０００万円以上では24・１％が争族となっています。

さらに注目すべきは１０００万円以下、つまり数百万円という比較的身近なレベルで争われたケースだけでも全体の32・１％を占めていることです。これは相続税がかからない場合でも、その対策が必要なことを示しています。もちろん、相続人も人間同士ですから、たとえ兄弟や親族の間でも感情のもつれが口論に発展し、本格的な相続争いが起きることもあるでしょう。

あなたのまわりでも同じような話を聞いたことがあるのではないでしょうか。争族を防ぐには、転ばぬ先の杖として、ぜひ遺言をお書きになることをお勧めします。そうすれば、いざというとき、遺言がきっとあなたの力になってくれることでしょう。

遺産相続争いは誰にでも起こりうることです
だから事前の準備が大事なのですね

6 相続手続きの基礎知識
法定相続分、遺留分、相続税について

相続手続きの基礎知識を改めて整理しておきましょう。まず一般的な相続手続きは、①法定相続人の確定（誰が？）→②相続財産総額の確定（いくらを？）→③遺産分割協議の実施（どうやって？）という流れになります。この流れに沿って各期限内に手続きを行いますが、遺言が存在した場合、法定相続人間でその遺言に対して疑義がなければ、遺産分割協議は行われず、遺言内容が優先されます。

また、相続手続きにおいては、守るべき期限がいくつかあります。これは大切なポイントです。知らないうちに期限が過ぎてしまうと、後悔することにもなりかねません。ここでは代表的な2つの期限をご紹介します。

まず「相続開始を知った日から3カ月以内に相続放棄を行うか否かを判断」しなければなりません。相続放棄とは、被相続人のすべての財産（マイナスの財産だけでなくプラスの財産も）を放棄し、相続しないことです。相続放棄したら、その法定相続人は最初から相続人でなかったことになりますが、相続発生前に相続放棄をすることはできません。

❶法定相続分とは

遺言がない場合、民法では、誰が相続人（法定相続人）となるのかを規定し、さらに各相続人が承継する相続分についても規定しています。これを「法定相続分」といいます。

具体的に見ていきましょう。被相続人に配偶者がいる場合、配偶者は常に相続人となります。配偶者しか相続人がいなければ、すべての相続財産は配偶者が承継します。

配偶者がいない場合は、法定相続人の第1順位が子供、第2順位が父母（直系尊属《ちょっけいそんぞく》）、第3順位が兄弟姉妹となります。つまり、子供が法定相続人になった場合は、父母や兄弟姉妹は法定相続人にはなれません。また、子供がおらずに父母が法定相続人になった場合は、兄弟姉妹は法定相続人になれないのです。

そして、各法定相続人の相続割合は以下の通りです。①相続人が配偶者と被相続人の子供の場合、配偶者が2分の1、子供が2分の1。②相続人が配偶者と被相続人の父母（直系尊属）の場合、配偶者が3分の2、父母が3分の1。③相続人が配偶者と被相続人の兄弟姉妹の場合、配偶者が4分の3、兄弟姉妹が4分の1。

なお、子供、父母、兄弟姉妹がそれぞれ2人以上いるときは、原則として均等に分けます。また民法の一部を改正する法律（平成25年法律第94号）で、非嫡出子《ひちゃくしゅつし》と嫡出子《ちゃくしゅつし》の法定相続分は同等になりました（それまで、非嫡出子の相続分は嫡出子の半分でした）。

2 遺留分とは

次に「遺留分《いりゅうぶん》」について見ていきましょう。法定相続人に最低限の相続財産を保証する制度を「遺留分」といいます。もし相続に際して、遺留分未満の財産しか承継できなかった場合、相続開始から1年以内に「遺留分の減殺《げんさつ》請求」を行うことで遺産を取り戻せる可能性があります。

ただし遺留分が認められるのは、推定相続人のうち、配偶者、子、直系尊属（父母、祖父母など）です。兄弟姉妹には遺留分はありません。相続欠格者、廃除された者、相続放棄した者にも遺留分は認められません。

遺留分の割合は、直系尊属のみが相続人のときは法定相続分の3分の1、その他は2分の1と定められています。

遺留分の減殺請求の対象となるのは、遺贈（遺言によって財産を与えること）と贈与（贈与契約によって財産を与えること）です。減殺を行う場合、まず遺贈、次に贈与の順番になっています。そのほかに、遺言による相続分の指定や遺産分割方法の指定も対象となります。

❸ 相続税などについて

次に「相続税」についてです。被相続人の相続財産が一定額を超える場合には、相続開始日から10カ月以内に相続税申告をする必要があります。これが2つ目の代表的な相続手続きの期限です。

相続税及び贈与税の税制改正が行われ、平成27年1月1日から基礎控除の減額や相続税率の一部引上げが実施されました。相続手続きに不可欠な内容としては、遺産に関わる基礎控除額が3000万円＋（600万円×法定相続人の数）とされ、この金額よりも相続財産額が多い場合、原則として相続税の申告が必要になります。なお、相続税の計算には特例がありますので、詳しくは税理士などの専門家にご相談ください。

また、平成29年5月29日から全国の法務局で「法定相続情報証明制度」が始まりました。これにより、戸除籍謄本などを何度も金融機関等に提出する必要がなくなり、手続きの簡素化が図られています。最初は戸惑うことがあるかもしれませんが、登記官が丁寧に対応してくれます。法務局から発行された「法定相続情報一覧図」を使って各金融機関の手続きをすれば、以前に比べて所要時間が半分近くに短縮することもあります。これらの新しい制度をぜひご活用してみてはいかがでしょうか。

7 死後事務委任契約と成年後見制度

「老い支度」は自分できちんとしておきたい。最近、そう考える人が増えています。生きている間のことならいざ知らず、亡くなってからのことは、自分ではいかんともしがたいものです。葬儀、納骨、債務弁済、家財道具や生活用品の処分など、誰かの力を借りなければならないことが数多くあります。とくに一人暮らしの方や親族が遠方にいる方、身よりのない方の場合は、事前の備えが必要です。

❶ 死後事務委任契約とは

そんな方々の支援をする契約のひとつに「死後事務委任契約」があります。

死後事務委任契約とは、本人（委任者）が第三者（個人・法人）に対して、自分が亡くなったあとの諸手続き、葬儀、納骨、埋葬に関する事務などについての代理権を与え、死後事務を委任する契約のことです。

また、遺言の中で死後事務委任のような内容（祭祀の主宰者指定、葬儀や法要等に関する希望など）を書くことは可能ですが、遺言があることが親族をはじめとした関係者に知らされておらず、遺言が発見されなかった場合には、本人の希望が実現されないことも想定されます。そのようなことを未然に防ぐためには、ご本人と信頼できる人との間で死後事務委任契約を事前に行っておくことがよいでしょう。

さらに死後事務委任契約書を公正証書にしておけば、なおよいということはもうおわかりですね。

●死後事務委任契約が有効に活用される場合

①亡くなったあとのことを任せられる親族がいないが、自分の亡くなったときの憂いをなくすために利用する。

②法定相続人などと疎遠になっているため、亡くなったあとのことで親族たちに面倒をかけたくない。

③身近にいる信頼できる人に自分の死後に関する一切のことを任せたい。

④任意後見契約を結んでいる場合。

●死後事務として委任する内容について

①家族、親族、その他の関係者への死亡した旨の連絡。

②遺体の引き取りなどに関すること。

③葬儀、埋葬、納骨、永代供養などに関すること。

④行政官庁などへの届出等に関すること。

⑤自宅（貸借物件など）の退去明渡し、敷金・保証金などの支払いに関すること。

⑥遺品（家財道具等）の整理・処分に関する事務。

⑦生前に発生した未払い債務（入院費用などの精算）の支払い。

⑧老人ホームなどの施設利用料の支払いと、入居一時金などの受領に関すること。

⑨相続財産管理人の選任申立手続きや、相続人・利害関係人への遺品・相続財産の引継事務など。

死後事務を任せる人には、特別に決まった資格などありません。

ただ、実際に死後事務が行われるのはご自身が亡くなったあとなので、ご自身が監督をすることはできません。自分の考える不安を解消するためにも、依頼内容を正しく履行してくれる信頼できる人に依頼することが大切です。最近では公平中立な観点から、弁護士、司法書士、行政書士などの士業に依頼される方も多いようです。

このように生前に「死後事務委任契約」を信頼できる人と結ぶことにより、ご自分の理想の最期を「自らの意思表示」として託すことができます。自分が亡くなったあとにトラブルが発生することを未然に防ぐ意味でも、死後事務委任契約は有効なものです。また、遺言の作成や任意後見契約と併せて利用することで、さらに将来の不安を軽減することができるため、終活における選択肢のひとつとして検討してみてはいかがでしょうか。

②成年後見制度とは

最近、新聞やテレビ、インターネットなどでの露出が増えてきた成年後見制度についても少し触れておきましょう。

認知症、知的障害、精神障害などの理由で、医師から判断能力が不十分と診断された方は、不動産や預貯金などの財産を管理したり、介護施設の入所や病院の入院手続きなどをするのが難しい場合があります。不利益な契約であっても、よく判断ができずに契約を結んでしまい、悪徳商法の被害にあうおそれもあります。また、遺産分割協議をする必要があっても、協議に参加できません。

このように判断能力が不十分な方々を保護し、支援するのが成年後見制度です。具体的には、本人の行為能力（法律行為を単独で行う能力）を制限し、成年後見人などが本人のために法律行為を行います。または、本人の法律行為を助ける人を選任します。権利擁護制度とも呼ばれ、対象となる方を「被後見人」、支援する側を「後見人」と呼びます。

後見制度には、裁判所の審判による「法定後見」と、本人の判断能力があるときに信頼できる候補者と契約をする「任意後見」の2種類があります。

法定後見制度は、本人、配偶者、4親等内の親族（身寄りがいない場合は自治体の首長など）が家庭裁判所に申し立て、家庭裁判所が審判を行って後見開始となります。本人の判断能力の程度によって、「後見」「保佐」「補助」の3つに分かれます。

任意後見制度では、事前に任意後見人を選んでおき、本人が認知症と診断された時点で家庭裁判所に申し立てをします。家庭裁判所で任意後見監督人が選任されて、任意後見の開始となります。任意後見契約は本人の意思が真正なものであることを明確にするため、公正証書にすることが必要です。

任意後見契約のポイントは、任意後見人を誰にするかです。今後の人生を託せる、信頼できる人に依頼することが大切です。

法定後見であっても、任意後見であっても、後見人は、本人の利益を考え、本人の代理として契約などの法律行為を行います。本人が自分で法律行為をするときには、同意を与えます。もし本人が同意を得ないで不利益な法律行為をした場合は、あとから取り消すことで、本人を支援します。

3 成年後見制度の注意点

成年後見制度を活用する上で注意すべきことがあります。それは、「成年後見人は本人の法定代理人である」という点です。

成年後見制度を活用することで、相続がスムーズにできると考える親族の方がいますが、家族やその財産を守るための制度ではありません。成年後見人は、親族の代理人や代弁者ではないのです。成年後見人は、本人にとって何が正しいのかを考え、金銭・財産のことを把握し、医療に関する同意以外の権限が委ねられる、とても責任が重い存在です。

また、成年後見制度を一度開始したら、原則として、被後見人が亡くなるまで終了させることはできません。成年後見制度を関係者が納得して正しく活用するためには、制度の概要と特色をよく理解してから実施することが肝要です。そうすれば被後見人本人だけでなく、親族にも有益な制度となることでしょう。

おわりに

遺言作成の旅もいよいよ終わりを迎えるときが近づいてきたようです。あなたにとって今回の旅はどのような経験でしたか。きっと新しい発見があり、自分と向かい合う時間が持てたのではないでしょうか。たとえ今回の旅が満足いかないものであっても、それでもいいのです。何度でも遺言の旅を再開してみてください。私はいつでもここであなたを待っています。迷ったら、いつでもこの旅に戻ってきてください。

この本は、15歳以上の日本人すべての方々に向けて書きました。なぜなら、日本で遺言を書けるのは法律上15歳以上（民法第９６１条、遺言能力）と定められているからです。決して終活を考えている中高年の方や高齢者の方だけのものではありません。

遺言は思い立ったときに書くもの、いやそれより誕生日やお正月に書いて心を改めるもの。私はそう考えていままで取り組んできましたし、人生に役立つツールのひとつとして、これから日本中に遺言の習慣をつくって、遺言を根づかせていきたいと思っています。

察しのよいみなさんなら、もうお気づきの通り、「９マスユイゴン」は遺言機能だけに特化しているものではありません。遺言を書こうと思って取り組んでいたら、人生の棚卸しと脳内整理が簡単にできていた。まさに、あなた自身の現状分析ツール、そして自己肯定ツールとなりうるものです。

「9マスユイゴン」は人生のマイルストーンのようなものといえるのかもしれません。マイルストーンとは、プロジェクトにおける道標《みちしるべ》のことです。旅をする上で、道標は単なる通過点ですよね。その役割は、迷わずに正しい目的地に到達するためのものです。その意味で、「9マスユイゴン」はまさに明日を生きるための道標になりうるものです。決して死んだあとの財産や権利関係だけを整理するためだけのものではないのです。

私はこの「9マスユイゴン」が本来持っているポテンシャルとその可能性を信じ、これからも多くの人たちに広めていきたいと思っています。もしあなたが「9マスユイゴン」を好きになってくださったなら、どうかあなたの好きな人に1冊プレゼントしてあげてください。あなたが「9マスユイゴン」を通して人生の新たな発見をされたように、あなたの大切な人の心にも、新しい人生の航海図が描かれることになると思います。

また、この本で取り上げた「新しい遺言のカタチ」は、企業の研修でも活用していただいています。それだけでなく、法律や福祉・介護・医療の専門職の方々の相談会や個別面談、介護・福祉施設などでのソーシャルワークのひとつとしてご活用いただけましたら幸甚です。きっと新たな自己覚知をもたらすツールになりうると思います。

最後になりましたが、この本を祖父の小林晴雄、祖母の小林光子、そして両親に贈ります。

そして今回出版の機会をくださったダイヤモンド社の編集部のみなさま、営業部のみなさま、関わっていただきましたすべての方々に心から御礼を申し上げ、感謝のしるしとさせていただきます。ありがとうございました。そしてこれからもどうぞ、よろしくお願いいたします。

一緒にユイゴンの旅をしてくれた大好きなあなたへ

初夏の暑い日 大森の事務所にて

塩原 匡浩

【巻末特典】はじめての「9マスユイゴン」①

「9マスユイゴン棚卸しシート」

真ん中のマスにテーマと日付を書いてから、それぞれの数字の横にテーマを記入し、テーマに沿って棚卸しをしていきます。書く順番はお好きなところからでけっこうです。

4	5	6
3	年　月　日	7
2	1	8

はじめての「9マスユイゴン」一式はウェブからダウンロードできます。
詳しくは 126 ページをご覧ください。

【巻末特典】はじめての「９マスユイゴン」②

「９マスユイゴン深掘りシート」

８つのテーマのうち、ココロに魅かれるテーマから順に、さらに各８項目(8×8=64)へと深掘りしていきます。

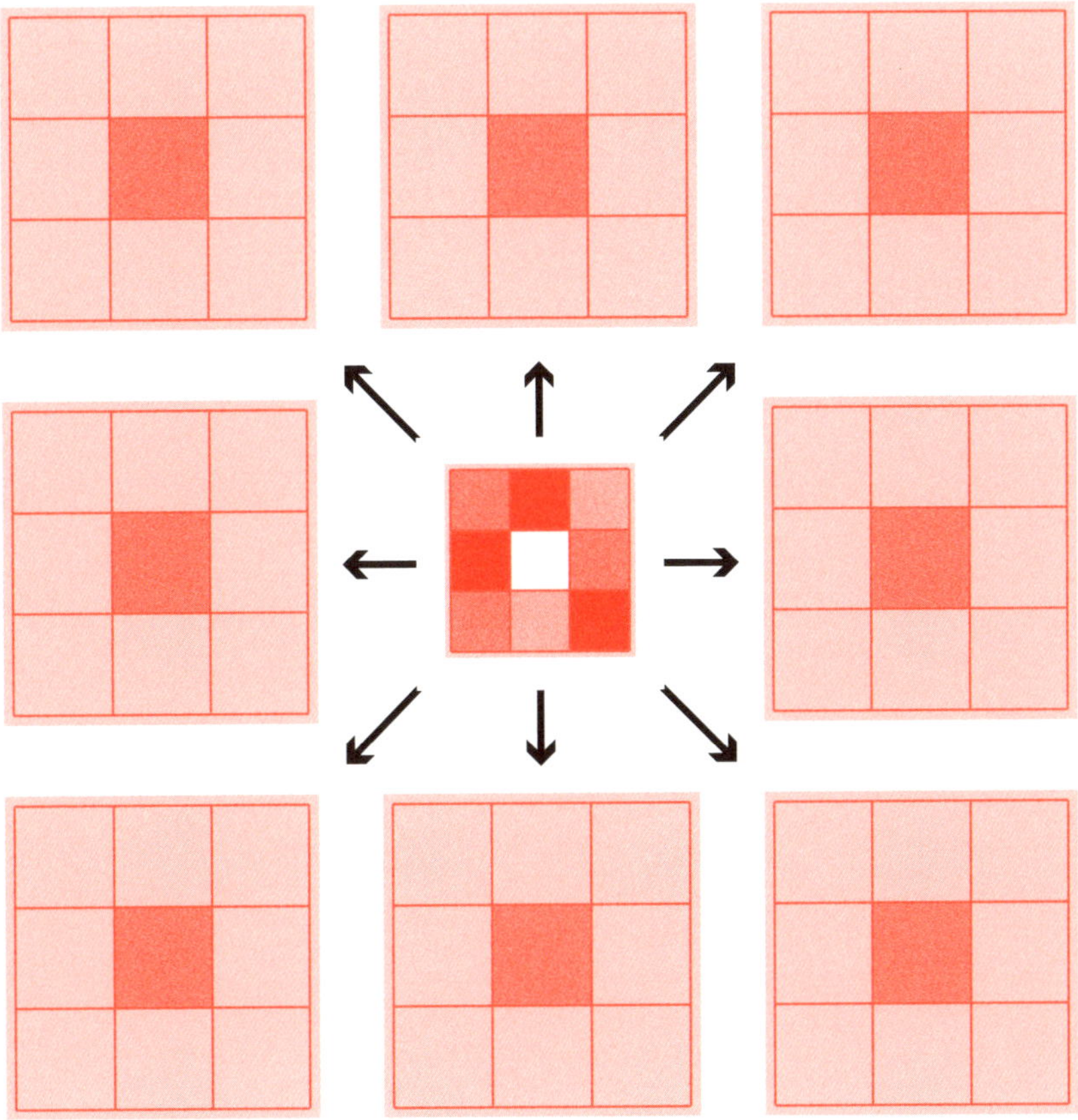

【巻末特典】はじめての「9マスユイゴン」③

「9マスユイゴンシート」

【巻末特典】はじめての「9マスユイゴン」④

「9マスユイゴン本文シート」

■ご注意

本書は情報の提供のみを目的としています。本書に記載された内容は、法律に基づき、著者が独自の調査・研究をして万全を期して作成しておりますが、本書を用いた運用は必ずお客様自身の責任と判断によって行ってください。これらの情報の運用結果について、ダイヤモンド社および著者はいかなる責任も負いかねますのでご了承願います。

本書に記載の情報は、執筆調査時点のものを掲載していますので、ご利用時には変更されている場合もあります。また時間の経過や制度改正、その他の事項により運用が異なってくる可能性もあります。

以上の注意事項をご了承いただいた上で、本書をご利用願います。これらの注意事項を読まずにお問い合わせいただいても、ダイヤモンド社および著者は対処しかねます。あらかじめ、ご承知おきください。

■巻末特典　はじめての「9マスユイゴン」ダウンロードサイト

本書の内容と連動した「9マスユイゴン」のシート4点を、読者のあなたに特別にご提供します。ダウンロード方法については、下記サイトにアクセスしてください（アドレス入力ミスが多く見られるので、ご注意ください）。

①「9マスユイゴン棚卸しシート」A4

②「9マスユイゴン深掘りシート」A4
（お好みによりA3に拡大してご使用ください）

③「9マスユイゴンシート」A4

④「9マスユイゴン本文シート」A4

特別サイトURL　http://www.diamond.co.jp/go/pb/9yuigon/
ユーザー名　9masu
パスワード　mandara

基本的には、初めての方でも簡単に使える内容になっていますが、本書の内容をよく読んだ上でご使用ください。

［著者］
塩原匡浩（しおはら・まさひろ）
1965年、東京都生まれ。行政書士、社会福祉士、宅地建物取引士。あんしんステージ法務・福祉事務所代表。遺言、相続、成年後見業務に特化し「あなたのココロに寄り添います」をキャッチフレーズに、多くの方々から頼りにされる存在。
1989年、駒澤大学法学部卒。在学中に行政書士、宅地建物取引主任者（現宅地建物取引士）試験に合格。2010年、しおはら行政書士事務所開設。2013年、社会福祉士国家試験に合格。2014年、第二創業を行い、あんしんステージ法務・福祉事務所代表就任。ユイゴンマイスターという肩書を持ち、日記感覚で書ける「９マスユイゴン」を考案した。人生の棚卸しと脳内整理が簡単にできる遺言の新しいカタチを提唱している（「ユイゴン®」で商標登録、まんだら形式の「９マスユイゴンシート」で意匠登録をしている）。
遺言や相続・成年後見等に関するセミナー講師を多数務める（累計2000名以上にセミナーを開催）。参加者から「遺言の概念が変わりました！」といわれることを心の喜びとしている。剣道三段。ＮＰＯ法人後見パプリカ理事。東京都行政書士会所属、東京社会福祉士会所属。おおた社会福祉士会企画担当幹事。

カンタンだけど法的効力もばっちり！
90分で遺言書
――９マスのまんだらで人生をすっきり整理する

2017年９月21日　第１刷発行

著　者――塩原匡浩
発行所――ダイヤモンド社
〒150-8409　東京都渋谷区神宮前6-12-17
http://www.diamond.co.jp/
電話／03･5778･7234（編集）　03･5778･7240（販売）
装丁――――二ノ宮匡（ニクスインク）
イラスト――大野文彰（大野デザイン事務所）
代筆――――塩原桂茱（茱《ぐ》美《み》書道教室）
DTP　―――荒川典久
製作進行――ダイヤモンド・グラフィック社
印刷――――堀内印刷所（本文）・共栄メディア（カバー）
製本――――本間製本
編集担当――田口昌輝

ISBN 978-4-478-10384-5